통역하는 엄마 유로맘의
수능·회화 두 마리 토끼 잡는 영어

영어 전용 스위치부터 켜라

통역하는 엄마 유로맘의 수능·회화 두 마리 토끼 잡는 영어

영어 전용 스위치부터 켜라

1판 1쇄 2024년 11월 4일
1판 2쇄 2024년 12월 9일

지은이 최서윤
책임편집 퍼블루션
디자인 MOON-C design
마케팅 두잉글 사업본부

펴낸이 이수영
펴낸곳 롱테일북스
출판등록 제2015-000191호
주소 04033 서울특별시 마포구 양화로 113, 3층(서교동, 순흥빌딩)
전자메일 team@ltinc.net

이 도서는 대한민국에서 제작되었습니다.
롱테일북스는 롱테일㈜의 출판 브랜드입니다.

ISBN 979-11-93992-43-2 03740

통역하는 엄마 유로맘의
수능·회화 두 마리 토끼 잡는 영어

영어 전용 스위치부터 켜라

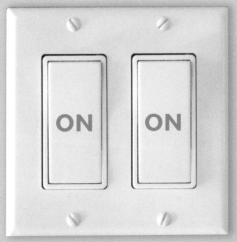

최서윤 지음

안녕하세요. 저는 정 많은 땅 한국에서 다섯 살 터울의 두 딸을 키우고 있는 유로맘입니다.

저는 교실보다는 현장에서 영어를 쓰는, 통역을 하고 해외 인력을 교육하는 일을 해왔어요. 지금도 아침엔 영어를 읽고 자기 전에는 영어를 듣는, 영어를 수학보다는 훨씬 좋아하는 엄마입니다.

제가 어떻게 영어를 가까이하게 되었는지 짚어 보았는데요, 처음엔 어렸을 때 영국에서 몇 년 지낼 수 있었던 기회 때문이 라고 생각했어요. 하지만 진짜 이유는 88 올림픽 이전의 깡깡 옛날이지만 저에게 영어 환경을 친절하게 만들어준 엄마 덕분 이었더라고요. 엄마를 통해 처음 접한 영어는 따뜻한 물속에서 공급받는 양분같이 자연스럽고 편안했어요.

그 안에서 뿌리내린 영어 덕분에 한국식의 딱딱한 시험을 만나도 국적이 생소한 낯선 외국인을 만나도 두려운 생각은 들지 않았습니다. 제 안에 있는 것으로 시험문제를 풀고 제 안에 있는 것으로 외국인들과 생각을 나누며 신나게 성장할 수 있었으니까요.

그래서 영어를 제 아이들에게 꼭 좋은 친구로 소개하고 싶었습니다. 그런데 마음이 앞서다 보니 아이를 전혀 고려하지 않고 독불장군 같은 영어를 욱여넣는 실수를 저지르고 말았어요. 그 결과, 아이는 최선을 다해 영어를 뱉어냈습니다. 본인이 영어로 말하지 않았을 뿐 아니라 영어 하는 제 입도 틀어막았고 영어책을 들고 와 한국어로 읽어내라고 떼를 썼습니다.

중요하게 생각했던 만큼 좌절감도 컸습니다. 다리에 힘이 완전히 풀려 한동안 아무 것도 해줄 수가 없었어요. 주저앉았던 동안 가장 두려웠던 건 영어가 아니었습니다. 아이와 뱃속에서부터 차곡차곡 쌓아온 유대와 소통이 흔들릴 수도 있겠다는 것. 그 부분 때문에 잠을 설쳤습니다.

이후 눈에서 비늘이 벗겨지듯 영어 뒤에 가려진 아이가 보이기 시작했어요. 땅을 모두 갈아엎는 마음으로 아이 본연의 습득 방식이 무엇인지, 어떻게 하면 영어를 하며 정서와 소통이 쌓일 수 있을지 치열하게 공부하기 시작했습니다. 혹시나 또 거부가 올까 봐 돌다리를 두드리고 또 두드리며 아이 안에 있는 영어 씨앗에 조심스레 물을 주었고요.

지금은 초등 5학년이 되어 영어로 말하고 쓸 때 더 자유로움을 느낀다는 아이. 본인이 좋아하는 것을 더 좋아하게 하는 도구로 영어를 활용하는 아이. 원하는 영어책을 레벨과 장르에 상관없이 몰입해서 읽는 아이를 봅니다. 7년 전 제 입을 틀어막던 자기 모습을 기억이나 할까요?

저를 터널 한중간에 떨어트렸던 아이의 거부가 결국 균형 잡힌 영어를 장착 시켜주는 계기가 되고 회화와 수능, 두 마리의 토끼를 잡는 탄탄한 기반이 되어 주리라는 것. 그때는 저도 상상조차 하지 못했네요. 그리고 롤러코스터 같은 첫째와의 시행착오 덕분에 다섯 살 터울의 둘째한테는 여유롭게 길을 걸으며 시원한 공기를 누리는 순조로운 영어 환경을 만들어 주게 되리라는 것도요.

한국에서 아이 엄마로 살면서 살 비비게 된 뚝배기 같은 진심이 있는 한국 엄마들. 이제는 친구라고 부르는 엄마들에게 제 시행착오와 경험이 도움이 되었으면 좋겠다고 생각했습니다. 첫째 아이와 걸었던 울퉁불퉁한 길을 안 거치고 둘째 아이와 걸었던 포장도로로 바로 들어서실 수 있도록요.

그래서 유하와 로하의 이름을 한 글자씩 따서 '유로맘'이라는 이름으로 SNS 소통을 시작했고. 제 아이를 키우는 방식과 꼭 같은 방식으로 '유로스쿨'을 운영하고 있습니다. 매년 약 400가정과 함께 한 방향을 바라보며 어깨동무하며 걸어가고 있어요.

이 책을 통해 정 많고 마음 여린 우리 엄마들에게 조금이나마 위로와 도움이 되었으면 합니다. 책에 갈아 넣은 제 마음과 경험이 잘 익은 복숭아 한 상자처럼 각 가정에 고스란히 전달되었으면 하는 바람입니다.

유로맘 최서윤
2024년 가을

목 차

1장

통역사가 아니지만
통역까지 하게 되었다

제가
통역을 하라고요?

"이번 정상회담 통역은 최서윤 과장이 하지."

통역사가 아닌 저에게 떨어진 사장님의 지시였습니다.

"저보고 통역을 하라고요? 그것도 우간다 대통령 정상회담을요? 제발 전문 통역사 고용으로 재고해 주세요."

팀장님께 여러 번 울며 호소했지만, 황소고집으로 유명한 사장님은 지시를 번복하지 않았고, 저는 그 길로 아프리카 입국에 필요한 황열병 주사를 맞고 급히 비행기에 올라탔습니다.

하루가 꼬박 걸려 도착한 우간다. 도착 후 상황은 더 혼란스러웠습니다. 여느 정상회담 통역처럼 '스크립트 정도는 당연히 주겠지' 하며 마음을 다스렸지만, 호출이 오면 특사단 전원이 단번에 대통령궁 게이트를 통과해야 했기에 제가 의지할 것이라곤 현직 통역사인 교회 언니에게 속성으로 배운 통역 메모법과 제 머릿속 어딘가에 있을 '영어 능력'이었습니다.

영영 오지 않았으면 좋겠다고 생각했던 우간다 대통령과 이상득 특사의 회담이 시작되었습니다. 대통령의 형, 국회의원, SK 사장, 자원 통상부 차관 등 특사단 모두가 제 입에서 무슨 얘기가 나오는지, 온 관심이 한 곳에만 쏠리는, 난생처음 겪어 보는 상황이었습니다.

영어를 잘하지 못한다는 정보와 달리 우간다 대통령의 입에서는 고급 용어가 속사포처럼 쏟아졌고, 저는 제가 가진 모든 것, 영혼까지 끌어 올려 몇 초간의 침묵이 죄가 되는 약 40분의 통역 시간을 사고 없이 마무리하는 듯했습니다.

하지만 진짜 위기는 회의 후였습니다. 대통령이 특사에게 건넨 농담 중 'slaughter'라는 모르는 단어가 나왔고 '농담이니 통역을 안 하고 넘어가도 되겠지' 하며 뭉개고 있던 것이 대통령에게 포착되었고 "이건 왜 통역을 안 하냐"며 충혈된 눈빛으로 저를 쏘아붙였습니다. 그 압박에 문장의 앞뒤 말, 대통령이 그 말을 하며 목을 손으로 긋는 동작 등 모든 힌트를 총동원해서 '도살'이라는 말을 저도 모르게 내뱉고 말았습니다.

모두가 마무리 악수를 나누는 상황에서 저는 쏟아진 물이 된 그 단어를 찾아보았고, '도살'이 맞다는 것을 확인했습니다. 다리가 풀리며 크게 내쉬었던 날숨은 아직도 선명합니다.

한국에 돌아오자마자 저는 사장님께 이메일을 썼습니다.

"이번 경험이 2kg의 살이 한꺼번에 빠질 만큼 힘들고 부담스러웠던 건 분명하지만 앞으로는 어떤 일을 마주해도 두렵거나 무서운 마음은 들지 않을 것 같습니다. 귀한 경험의 기회를 주셔서 감사합니다."

지금 돌이켜봐도 아무리 지시였다지만 전문 통역사도 쉽지 않다는 정상회담 통역을 덜컥 맡아 진행한 것은 비상식적인 일이란 생각이 듭니다. 대체 무슨 배짱으로 특사단 대표로 통역을 하게 되었을까요? 일을 그르치면 우간다 자원외교에 금이 갈 수 있는 무서운 상황인데 말이죠. 그 용기의 근거가 무엇이었는지 지금부터 차근차근 말씀드릴게요.

유로맘은 어떻게
영어를 잘하게 됐을까

만 6세 여름, 저는 처음 한국 땅을 벗어나는 경험을 했어요. 제가 살게 된 곳은 한국과 가깝거나, 문화가 비슷한 곳도 아닌 지구 반대편에 있는 영국이었어요. 그때 유일하게 할 수 있었던 영어 한마디는 엄마 아빠와 미리 외워둔 "My name is Seo Yoon"이었죠.

이렇게 듣기도 말하기도 전혀 안 되는 상태로 시작한 학교 생활, 살아남기 위해 무작정 옆자리 아이가 하는 것을 그대로 따라 했던 기억이 납니다.

까막눈으로 영국 유치원에 다닌 후 맞는 첫 겨울 방학이었을 거예요. 영국인 친구가 저에게 "Don't you miss Ms. Becky?"라며 어딘가 슬퍼 보이는 표정을 지었는데, 저는 속으로 "얘가 왜 Ms.를 두 번 발음하지? 영어를 잘 못하는 애인가?"라고 생각했던 게 아직도 뚜렷해요. 말을 오해했던, 내 맘대로 이해했던, 친구와 의사소통하며 우정을 쌓을 수 있을 정도의 영어가 된 거죠.

이때가 처음 영국에 도착하고 6개월쯤 지난 시점이었나 봐요. 부모님이 입버릇처럼 "한마디도 못 하던 애가 6개월 후엔 반 친구들과 영어를 주고받으며 놀았다"고 얘기하시는 걸 들으며 처음에는 제가 언어 천재라도 된 양 으쓱한 기분이 들었어요. 영어 하는 환경인 영국 한복판에 들어가도, 다 영어를 할 수 있는 건 아니잖아요.

그런데 생각해 보면 제게 '영어' 하면 떠오르는 첫 장면은 영국 유치원이 아니었습니다. 잠들기 전 엄마가 구수한 코리안 발음으로 읽어주던 영어 그림책이 첫 장면이었어요.

두꺼운 이불 속에서 본 "Choo Choo Off I go" 하며 기차가 밤하늘을 날아 꿈나라로 들어가는 장면, 평소 표정에 큰 변화가 없던 엄마도 영어 노래만 흘러나오면 몸을 좌우로 흔들며 "Do you like spaghetti?"를 신나게 불러주셨던 장면이요.

맞아요. 88 올림픽도 개최되지 않았던 까마득한 그 당시에 '영어 환경'을 집 안에서 만들어주었던 것이죠.

두 아이의 엄마가 된 후, 온갖 시행착오를 겪으며 집안 영어 환경을 만들고 나서 생각해 보니 정말 신기했어요. 그래서 엄마한테 어떻게 요즘 엄마들이 하는 것들을 30년 전에 할 수 있었는지 물어보았죠.

"글쎄, 난 영문과를 나오고 영어 공부를 오래 해도 외국인들이랑 영어 대화를 시원하게 하지 못한다는 게 너무 답답했어. 그래서 너희는 나처럼 힘들게 재미없게 하지 않았으면 해서. 언어니까 자연스럽게 어렸을 때 모국어처럼 해야 한다고 생각했어. 가르치지 않고 그냥 너희가 원할 때 틀어주고 읽어주고 그냥 그렇게"라고 하셨어요.

그러고 보니 영어를 한마디도 못 한 채 영국 유치원에 처음 발을 들인 그날, 어디에 끌려가는 것처럼 공포스럽거나 선생님께 인사만 시키고 돌아선 부모님이 원망스러운 감정은 분명히 아니었어요. 동그란 테이블에 둘러앉아서 그림을 그리고 있던 반 친구들에게 선생님은 "You can make a choice"라고 하셨는데 그때 전 제 이름(Choi)을 부르는 줄 알고 무작정 손을 번쩍 든 기억이 생생하고요.

이상하잖아요. 영어를 처음 접하는 아이가 비슷한 영어 소리를 알아채고 실전 영어 환경에 대한 큰 두려움이 없었던 것. 알고 보니 한국에서 미리 연습했던 엄마의 영어 환경 덕분이라는 걸, 그제야 퍼즐이 맞춰지더라고요. 그리고 6개월 만에 '방언'이 터진 것도 결코 언어 천재여서가 아니었다는 걸.

처음 1년을 살았던 옥스퍼드는 그나마 유학생이라도 많아 다양한 인종이 살았지만, 영국 북부 작은 도시인 더럼에 이사 갔을 땐 외국 사람을 찾아보기 힘들었죠. 더럼에서 학교에 처음 간 날, 교장 선생님이 그러시더라고요. 외국 학생은 10년 전에 인도 학생이 딱 한 명 있었다고.

전학 후 하루는 한 영국 아이가 진지한 표정으로 저에게 다가와 "넌 코가 왜 그렇게 납작해? 어디 높은 곳에서 떨어지기라도 한 거야?" 물었습니다. 그래서 저도 "응, 근데 다행히 코만 납작해졌어"라고 받아친 기억이 있습니다.

생각해 보면 기분이 나쁠 수도 있을 법한 말인데, 전 이상하게 그 말이 나쁘게 들리지 않더라고요. 영국 사람들은 분명 좋은 사람들이기 때문에 나쁜 생각으로 한 말이 아닐 거라 생각했습니다. 인종차별이 심했던 그 시절에 그런 차별을 전혀 못 느끼고 당당하게 지냈고요.

그럴 수 있었던 이유가 무엇이었는지 깊이 생각해 본 적이 없는데, 내 아이를 낳고 키우던 어느 날 알게 되었어요.

엄마는 당시 영국 생활에 꽤 적극적이었습니다. 동양인이면 으레 중국인 아니면 일본인이라고 생각했던 영국 사람들에게 머뭇거림 없이 '서울 올림픽' 열쇠고리를 건네는 분이었어요. 진한 한국 악센트에 서툰 영어로 딸의 같은 반 영국인 엄마들에게 먼저 다가가 영국 아이들을 우리 집에 초대하기도 했죠. 집에 데리고 와봤자 아이들끼리 말을 하고 놀지도 않는데 아이를 하교 후 돌봐주겠다며 무급 베이비시터를 자처하셨고요.

한번은 학교 수업 시간에 엄마가 걸어 들어오시는 것이었

영국에서 초등학교를 다녔던 시절, 1학년 학급 단체 사진.

어요. 놀란 눈으로 엄마를 바라보니 씩 웃으며 그림책 읽어주기 부모 봉사를 신청했다고 하시더라고요. 제가 들어도 구수하고 한국적인 발음이었는데 말이죠. '참 얼굴이 보통 두꺼운 분이 아니었던 건 분명하다' 생각만 했었어요.

그러다 한참 후 첫째 아이, 유하 유치원 때 이런 일이 있었습니다. 반 아이들이 참석한 크리스마스 파티에 유하가 초대받지 못했다는 사실을 알게 되었어요. 그것도 매우 늦게 한 엄마의 카카오톡 프로필 사진에 올라온 환하게 웃고 있는 아이들의 모습을 보고서요. 둘째 키우며 일한다는 핑계로 엄마들 모임에도 제대로 못 나가고 신경을 못 써준 것 같아 미안한 마음에 잠이 오질 않더라고요.

엄마에게 속상한 마음을 털어놓는데 제 어릴 적 이야기를 하시며 이렇게 말씀하셨어요.

"귀찮아도 내가 왜 말도 안 통하는 엄마들한테 먼저 손을 내밀고 우리 집 와서 놀라고 했겠니. 다 너희들이 타지에서 적응하는 데 도움 되라고 그런 거지."

눈물이 울컥했어요. 지금의 저보다 열 살은 어렸던 젊은 엄마가 영국에서 어떤 용기를 냈는지 한꺼번에 밀려와서요. 그들

여덟 살, 영국에 도착한 직후 찍은 사진. 마침 88 서울 올림픽이 개최된 해라, 엄마는 영어 못하는 자식들, 학교 가서 기죽지 말라고 올림픽 기념품을 엄청 사가서 나눠주셨다. 벽에 붙어있는 88 올림픽 포스터 또한 그때 챙겨온 것 중 하나.

이 모르는, 동양의 작은 나라에서 왔어도, 내가 가진 것이 완벽하지 않아도, 먼저 손 내밀었던 그 모습이 엄마의 용기였다는 걸 저도 두 아이 엄마가 된 이후에야 알게 되었어요.

결국 유로맘이 영어를 잘 하게 된 건 엄마가 눈 질끈 감고 용기 낸, 먼저 성큼 걸어 들어가서 덤불을 헤치고 만들어주었던 환경 덕분이었습니다. 그래서 집에 와서도 불편한 정장을 벗지 못하고 계속 어딘가에 묶여 있는 듯 한 영어가 아닌, 마음대로 움직이고 뒹굴어도 편안한, 잘 맞는 옷 같은 환경을 누릴 수 있었던 거였어요.

그 환경 속에서 처음 심어진 그대로, 생긴 그대로 영어 나무가 마음껏 자랄 수 있었던 거죠. 그리고 조금은 불친절한 환경을 마주해도 이겨낼 수 있는 심지가 자랐다고 생각해요. 철저히 계획된 학습, 좋다는 교재, 비싼 영유나 원어민 선생님이 아니었습니다.

부모가 먼저 용기 낸 환경 속에서 아이는 무섭고 두려운 영어가 아닌 제 옷처럼 편안한 영어를 만날 수 있습니다. 사진 속 웃고 있는 아이처럼요!

유로맘 어머니의
교육법

여기까지 읽으시면 친정엄마가 하나부터 열까지 다 챙겨주는 꼼꼼한 육아를 하셨다는 생각이 들지 몰라요. 하지만 우리 엄마요, 부모님이 한 번은 도와주게 된다는 '국민학교' 여름 방학 숙제 있는지도 모르셨고요, 국민학교 입학 준비물을 왜인지 제가 문방구에서 다 사서 가방에 빽빽이 넣어갔던 기억이 생생해요.

둘째를 임신하고는 너무 너무 엄마 표 김치만두가 먹고 싶어서 급히 전화했더니 다음 날 엄마한테 전화가 온 거에요. '그 만두랑 아주 똑같이 하는 집을 찾아냈다'고.

아시죠? 엄마의 거친 손으로 김치를 꼭 짜고 두부랑 돼지고기랑 듬뿍 넣어서 갓 쪄낸 그 만두는 엄마가 만들지 않으면 이 세상에 없다는 거. 아이 가진 섬세한 호르몬이 어찌나 서러워하던지. 우리 집 분위기가 이렇습니다. 당연히 밑반찬 김치 같은 건 받아먹을 생각도 안 해요. 대신 한 번도 저를 깍두기 사이즈로 재단하거나 멸치처럼 들들 볶진 않으셨어요.

부모의 행복과 아이의 행복이 분리된 교육

최근 친정엄마한테 물어봤어요.

"그래서 엄마는 내가 이렇게 큰 거에 만족해?"

'응 만족해'라고 대답하겠지, 하고 멍 때리고 있던 저에게 엄마는,

"내가 왜 만족해? 그게 왜 내가 만족해야 하는 일이야? 자기가 하고 싶은 일 하면서 자기가 행복하게 사는 게 만족이지 왜 내 만족이야?"

뒤통수를 제대로 맞은 것처럼 얼얼하더라고요.

'아니, 뭐야? 우리 엄마 이렇게 멋질 수 있는 거야?'

이쯤 되니 엄마가 완전히 달라 보이기 시작했어요.

"그럼 엄마는 어떻게 그렇게 '아이와 분리된 상태에서' 교육을 할 수 있었어? 어디 뭐 미국이나 외국에서 살다 오신 분도 아니고 완전 토종 한국 분이."

"몰라 그냥 난 내 생활이 막 화려하거나 완벽하거나 그러지 않아도 그만하면 좋은 사람 만나서 결혼했고 내 삶이 행복하다고 생각했어. 그래서 너한테서 뭘 끌어내서 내 행복으로 만들어야겠다. 이런 생각은 안 했어. 너희를 그냥 믿었지."

오기가 생기더라고요. 아니, 나는 이렇게 내 아이랑 매일 고군분투하고 있는데 우리 엄마는 어떻게 여성 잡지 첫 글에 나올 법한 '아이의 성과에 집착하지 않는 교육', '본인의 행복과 아이의 행복을 분리하는 교육'을 할 수 있었던 건가. 너무 신기하잖아요.

그런데 참 별것 없었어요. 결국 엄마가 한 건 삶을 그대로 받아들인 거래요. 그냥 감사했기 때문이래요. 그래서 뭘 더 바라지 않고 아이 안에 심겨있는 그 무언가를 그대로 기다려주고 믿어줄 수 있었던 것이었다고요. 그래서 '에이 엄마가 언제 그랬어!' 하며 엄마의 '세련미' 풀풀 나는 교육철학에 고무줄을 끊고 싶었던 딸의 장난기는 맥을 못 추고 쏙 들어가 버리고 말았고요.

부모가 아이를 끝까지 믿어주는 교육

저는 돌이켜보면 승부욕이 강한 아이였던 것 같아요. 무슨 근거였는지 알 수 없었지만, 당시 국민학교 운동회에서 했던 달리기, 조 일곱 명 중 4등을 했을 때 '어? 이건 내 등수가 아닌데. 난 잘 뛸 수 있는 아이인데!' 생각했던 기억이 나요.

그 때문이었는지 운동회가 다 끝나고 모두 집에 돌아가는 길, 엄마는 제가 안 보여서 찾았는데 글쎄 운동장에서 혼자 씩씩거리며 운동장을 몇 바퀴고 달리고 있더래요. 다음 해엔 학교 대표로 올림픽 경기장에서 뛰었대요.

고1 때는 어땠게요? 미국에 연수를 가게 된 아빠를 따라가는 바람에 중학교 과정을 통째로 날려버렸으니 고1 첫 내신 성적이 잘 나올 리가 없잖아요. 게다가 그땐 선생님이 칠판에 등수를 출석번호 1번부터 끝번까지 쭉 써 내려가던 무자비한 시대였죠.

한참 기다려도 제 이름이 나오질 않는데 전 그 순간에도 '어? 이상하다? 왜 내 이름이 이렇게 밑에 나오는 거야?' 하며 결국 열다섯 번째에 쓰인 이름을 보고 '내 등수가 아닌데? 나한테 어울리지 않는 등수야!'라고 생각했던 기억이 나요.

지금 생각하면 애가 참 뻔뻔했죠. 그런데요, 그 뻔뻔한 생각 덕분에 '어떻게 중학교 과정을 안 했는데 다른 아이들을 따라잡을 수 있겠어?'라며 주저앉지 않고 '내 등수를 되찾아야 하지 않겠어?' 하는 근거 없는 자신감으로 달리게 되었나 봐요. 지금 생각해 보니 그 얼굴 두꺼운 애한테 감사하네요. 반 15등으로 시작해서 전교 2등으로 졸업하게 해 주었으니까요.

그런데요 그 뻔뻔한 고등학생 뒤엔 누군가가 있었어요. 나혼자 다 했다고 생각했던 그 장면 뒤에 늘 뒤늦게 주인공으로 나타나는 그 누구. '첫 시험에서 이 수준이면 수능 땐 어떨지 뻔하다'라며 불안감을 드러낼 법도 한데, 80년대 드라마의 완벽한 엄마처럼 "넌 노력하면 뭐든 해낼 수 있는 아이야!" 하며 간드러진 멘트를 날려준 누군가요.

아이를 믿어주는 그 교육법은 어찌나 일관적이었던지 가끔은 '엄마·아빠가 그냥 정해서 이렇게 해! 하면 좋겠다'는 생각이 들기도 했어요. 초등학교 때부터도 엄마·아빠가 나를 끔찍이도 믿기 때문에 내가 결정하고 행동한 것에 대해선 책임도 져야 한다는 걸 느꼈나 봐요.

사실 아이 입장에서는 좋을 게 없죠. 절대 홀가분하거나 쉽지 않잖아요. 덕분에 일단 선택한 것은 끝까지 물고 늘어져서라도 책임을 지려는 뿌리가 제 안에 자랐던 것 같아요.

그게 아니었으면 15년간 잘 다니던 공기업이 지방으로 이전했다고 때려치울 수 있었을까요? 다들 미친 사람 취급했는데 말이에요. 정말 후회를 안 하냐고요? 왜 안 하겠어요! 하루에도 몇 번은 '내가 그때 뭐가 씌었었지' 하는데요! 그래도 어떡해요. 주말에만 아이들을 볼 수 있는 상황에 눈물을 안으로 삼키면서 나이들 자신은 없었는걸요.

그래서 어떻게든 더 좋은 결과를 만들어 책임을 지겠다는 징그럽게 질긴 생각으로 버텼습니다. 그 미친 결정을 제가 했기 때문에요.

태도의 자산

그렇게 저는 선택을 다른 사람에게 미루지 않는 어른으로 자랐습니다. 자신의 선택에 후회하지 않기 위해 아등바등 책임을 지면서 살고 있죠. 그런데 참 신기하게도요 제 이런 태도는 아주 어려서부터 심어진 자산인 것 같습니다.

초등학교 입학 준비물을 문방구에서 가서 직접 샀던 그때부터 지금까지 아무리 생각해 봐도 부모님이 제 숙제를 대신해 주신 적은 생각이 나질 않아요. 가정통신문의 내용을 잘 못 써서 곤란해 하고 있을 때 아빠가 찾음표로 감쪽같이 틀린 부분을 깔끔하게 붙여주신 것 빼고는요.

그때는 부모님이 무관심한 거로 생각했는데요, 지금 아이 둘을 키워보니 그걸 개입하지 않고 기다리고 지켜보는 게 얼마나 속이 터졌을지, 대체 어떻게 참으셨지 싶더라고요.

그래도 초등학교 땐 연습 기간이고 대체로 아이들이 서툴고 어눌하니 괜찮아요. 미국에서 중학교를 보냈으니 한국 중학교 과정을 통째로 날려버린 딸인데, 어떻게 고등학생 딸이 먼저 움직일 때까지 기다릴 수 있었을까요? 저 같았으면 한국에 들어오기 전부터 있는 정보 없는 정보를 다 모아서 한국 고등학생을 따라잡을 수 있는 특급 작전을 짜고 그걸 충실히 따르도록 닦달했을 것 같은데 말이죠.

그런데 정말 아무리 생각해도 엄마가 먼저 '이 학원 다녀라', '수학은 이렇게 해야 한다더라' 하며 저를 끌어당긴 기억이 하나도 나질 않아요.

엄마는 제가 먼저 한국 고등학교 1학년 아이들의 상황에 부딪혀보고 내가 약한 과목 보충이 꼭 필요한 부분을 인지하고 손을 내밀기 전까진 절대 먼저 움직이지 않으셨어요.

"엄마, 나 아무래도 수학 도형 부분에 구멍이 큰 것 같아" 하고 도움을 청하면 엄마는 그제야 어떤 교재가 좋은지 어떤 선생님이 잘 설명해 주실 수 있는지 찾아보고 뒤에서 밀어주셨어요.

물론 대치동의 학원가라서 더 옵션이 많았고 제가 도움 받을 수 있는 여지가 더 많았을 거예요. 그래도 엄마가 빡빡하게 짜놓은 스케줄을 영혼 없이 몸만 학원에 놓고 그 많은 시간을 보냈으면 어땠을까 아찔해요. 원하는 대학에 어찌어찌 꾸역꾸역 입학했더라도 그 이후에는 길 잃은 양처럼 내가 무얼 좋아하는 사람인지 내가 어떻게 살아야 하는지 전혀 방향감각 없이 무기력했을 것 같아요.

사회에 나와서는 별로 쓸 일이 없는 미분 고적분과 수학에 고등 시기 80%를 쏟아야 했지만, 아무 기반이 없는 상태에서 계속 쌓아야 했죠. 그리고 그걸 계획하고 실행해야 했죠. 적어도 계획을 짜고 시간 분배를 하고 끝까지 물고 늘어지는 태도 하나는 확실히 연습한 것 같아요.

정서적 자산

굉장한 자율성을 바탕으로 교육하신 것으로 보아 '엄마는 승부욕이 별로 없었겠지', '원래 좀 내려놓고 사신 분인가' 생각하기도 했어요. 하지만 엄마도 승부욕이란 게 만만치 않은 소녀였고 때문에 경쟁이란 것도 치열하게 겪어본 사람이라고 하더라고요. 근데 그 모든 과정을 겪어보니 허무한 생각이 들었대요. 결국 행복해지려고 경쟁하는 건데 왜 그 과정이 행복하지 않은 건지. 그래서 아이들만큼은 과정도 행복하게 겪도록 도와줘야겠다고 생각하셨다 해요.

나름 대치동 키즈였던 저와 동생은 초등학교 때 남들이 다 하는 수학 학습지 한번 안 해 보고 컸어요. 다들 하는데 과감하게 패스한 우리 엄마 진짜 용기가 심하게 있으시죠. 그러다가 애들이 수학을 싫어하게 되면 어떻게 하나 생각을 하지 않으셨을까요? 꼼꼼히 돌이켜봐도 사교육이라고는 오로지 예체능이었네요. 방학 때면 수영을 빼놓지 않고 다녔고 할머니 선생님이 피아노를 가르쳐주러 집에 오셨었고요. 그리고 틈만 나면 산으로, 바다로 엄마 아빠랑 엄청나게 놀러 다녔고요. 안 물어볼 수가 없죠.

"왜 예체능만 시켰어? 그 치열한 곳에서 다른 애들 다 하는 거 안 시키고?"

"너희가 행복하면 좋겠다. 지금 이 시기가 성인이 되어서도 풍성한 삶을 살기 위한 밑천이 되었으면 좋겠다 생각했어."

그래서 성인이 된 지금 풍성한 삶을 사는데 초등 예체능이 도움이 되었냐고요? 정확하게는 모르지만 그래도 그때 다양하게 겪은 것이 새가슴을 조금 넓혀준 건 맞는 것 같아요. 간장 종지 그릇을 앞접시 크기 정도로 말이에요. 그래서 조금 더 담고 소화할 수 있는 것이 생긴 거겠죠.

최근에 뇌 이야기가 많이 관심을 받잖아요. 뇌 전문가들이 하는 말을 들어보니 자연을 많이 접하고, 신체운동을 하고 악기를 다루고 하는 활동들이 뇌 발달을 촉진하는, 아이가 뇌를 가장 잘 쓸 수 있도록 최적화시키는 선물 같은 활동이래요. 엄마가 뭐 이걸 다 알고 환경을 만들어 주셨겠어요? 그렇진 않았 겠지만, 아이가 크는 과정도 행복했으면 좋겠다는 엄마 마음이 닿았나 봐요.

경험적 자산

엄마뿐 아니라 아빠도 행동과 경험에 제약을 두지 않는 스 타일이었어요. 보통 부부가 반대로 만난다는데 이 부분은 두 분이 손발이 잘 맞았네요. 오죽하면 엄마가 '도둑질 아니면 모 두 다 경험하게 해야 한다'고 표현하셨을까요. 그만큼 남에게 피해가 가지 않는 행동이 아니면 약간은 버거워 보이고 위험해 보이는 것도 다 도전해 볼 수 있게 하셨어요.

고등학교 때까진 학교 집 도서관만 하던 저도 대학에 들어 가니 선택의 폭이 넓어지고 경험할 수 있는 게 많아지잖아요. 누가 길을 정해 주지 않고 누가 이게 정답이다 강요하는 사람 도 없으니, 조금이라도 관심 가는 건 일단 발부터 떼고 봤네요.

패밀리 레스토랑 허드렛일, 선거사무소 홍보요원, 한국생산 성본부 고객만족도지수 조사원, 대학원생 영어 과외 선생님 다 나열하자면 한 페이지를 채울 거예요. '그런 힘든 일은 왜 해?'

하실 수 있겠지만 제가 생긴 거와 다르게 또 해 보고 싶은 건 꼭 해봐야 하거든요. 그래서 친구들은 일부러 제가 아르바이트 하는 패밀리 레스토랑에 찾아와서 우아하게 와서 칵테일 시켜 먹고 있는데 저는 양팔로 들리지도 않는 퇴식 바구니를 배로 쭉 받쳐서 나르고 그랬어요. 결국 석 달 일하고 '나도 여기서 우아하게 먹는 사람이 되어야지' 다짐하고 나왔지만요.

선거사무소 홍보요원으로 일하면서는 안무를 짜고 까맣게 모인 사람들 앞에서 춤추고 그랬어요. 아이도 낳지 않은, 뭐든 부끄러울법한 시기였는데요. 그래도 어떻게 해요. 제가 해 보겠다고 말을 뱉은걸. 어떻게든 책임은 져야죠.

같은 영어교육업계에서 일하시는 한 원장님이 지난 달에 저에게 물어보시더라고요.

"조용한 성격인 것 같은데 어떻게 돌변해서 아이들 앞에서 노래하고 율동하고 그래요?"

그때 첫걸음을 뗀 건가 봐요. 한국생산성본부 특급호텔 외국인 만족도 지수 조사원을 할 때는요, 10분이 넘는 설문조사를 하면 건당 4만 원을 받는 가성비 갑 알바라고 면접에만도 대학생들이 까맣게 몰렸었어요. 그런데 특급호텔에 묵었던 외국인을 찾을 수가 있어야지 말이죠. 찾는다고 해도 그 긴 설문에 응해줄 가능성도 매우 낮죠. 몇 날 며칠 한 장도 못 하고 배는 고프고 하니 잔머리가 자동으로 돌아가더라고요.

몇 주 지나니까 외국인 뒷모습만 봐도 특급호텔에 묵은 사람인지 아닌지를 알 수 있었어요. 사람이 적응의 동물인 건 분명하죠.

패밀리 레스토랑 시급 알바든 선거사무소 홍보요원이든 자아 성취할 수 있는, 그 일을 하면서 우리가 행복한 커리어면 '엄마 아빠는 오케이!'라며 특정 직업을 제안하지도, 제한하지도 않은 부모님 덕분이에요. 많지 않은 나이에 막상 해 보니 평생 거르고 싶은 일도 내 맥박을 심하게 뛰게 하는 일도 직접 찾고 내적동기로 연결하는 귀한 자산을 가지게 된 것은요.

어머니가 나에게
물려준 선물

선선한 가을바람이 불면 어김없이 유치원 엄마들의 마음이 술렁이기 시작합니다. 영어 유치원에 보내야 하나? 보낸다면 학습식에 보내야 하나 놀이식에 보내야 하나? 내 아이에게 맞는 곳은 과연 있을까? 놀이터에 모여서도 삼삼오오 이야기 무대를 탈환하는 것은 십중팔구 영어유치원이죠. 근데 그 와중에 두 다리를 쭉 뻗고 잠을 쿨쿨 자고 영어유치원 고민을 안 하는 여자가 있었으니 바로 접니다.

엄마들이 "어머, 유로 엄마는 영어유치원 고민 안 해요? 어쩜 그렇게 태평해요?" 신기한 눈으로 봅니다. 근데 저는 둘째 아이를 유치원에 처음 보낸 날부터 이대로 3년 쭉 보내고 초등학교에 잘 이어지게 할 생각을 이미 굳힌 사람이거든요. 그러니 저한테는 신기할 것 하나 없이 당연한 일인데요.

보살이냐고요? 뚝심이 센 여자냐고요? 그럴 리가 있겠어요? 저도 욕망으로 가득 찬 엄마죠. 욕심 없으면 엄마가 아닌데요. 그저 파란만장한 첫째의 경험치가 있었고 후회가 있었다는 거. 그 시기에 학습적으로 무언가를 달성하게 하지 못해서 후회가 있는 게 아니라, 아이가 자기 생긴 대로 자기 연령에 맞게 쭉쭉 뻗고 성장할 수 있는 안정적인 환경을 만들어주지 못했다는 후회요. 그래서 둘째에겐 그저 자기 몸에 잘 맞아서 편안하게 움직일 수 있는 옷처럼 환경을 만들어주고 싶단 생각을 했나 봐요.(자세한 첫째 영어유치원 이야기는 4장의 '결국 영어유치원만이 대안 아닌가요?'로 얼른 가보세요)

수학은 또 어떻고요. 한국에서 대학은 수학으로 간다고 해도 과언이 아니잖아요. 엄마들의 불안감이 최고조로 치솟는 과목이죠. 혹시 수포자(수학을 포기한 사람)는 되지 않을까. 수학이 발목 잡아 원하는 대학, 전공을 못 선택할까 봐요. 일곱 살부터 의대를 준비하는 의대반이 있다고 하죠.

제가 사는 동네가 학군지라면 학군지이지만 아직은 그런 반에 아이를 일곱 살에 보내는 집은 못 봤어요. 하지만 실제로 엄마가 대치동으로 차를 태워 날라주며 수학 수업을 일곱 살부터 듣는 아이들은 쉽게 찾아볼 수 있죠.

그런데 초등 3학년까지 수학 학원 한번 안 가봤다고 하면 엄마들이 조금 특이하게 보긴 하죠. 하지만 저도 수학 학원은 절대 안 된다! 악의 축이다 생각하는 건 절대 아니에요! 다만 아이가 학원에 가보고 싶다. 거기서 수학이란 걸 배워보고 싶다. 그게 필요하다고 얘기하기 전까지 기다렸을 뿐이죠.

집에서 아이가 푼 문제집을 채점하는 날엔 심장이 빨리 뛰기 시작하죠. 행여나 틀린 문제가 나오거나, 다시 풀어도 쉽게 정답이 안 나오면 오만 짜증을 내며 눈물이 그렁그렁하니까요.

사실 그 모습 안 보고 싶어서 문제집에 쪽지도 써보고 속으론 학원 보내달라고 하루빨리 말해 줬으면 좋겠다고 생각했어요. 하지만 어떻게 해요. 그 상태로 보내면 몇 시간 동안 멍때리고 오거나 기계처럼 풀고 올 게 뻔한데요.

그래서 5학년이 된 지금은 그 얘기를 했냐고요? 일반 학원은 아니고 동네 보습소를 얘기하더라고요. 다섯 살 터울의 동생이 자기가 집중해서 문제 좀 풀라치면 책상 밑으로 비집고 들어와 놀아달라 한다고. 상가의 OO학원 다니는 친구들 보니 가서 수학 혼자 풀고 오고, 모르는 것도 선생님께 물어볼 수 있는 것 같더라고. 그래서 지금까지도 상가 보습학원만 다니고 있어요.

물론 더 인기 있는 학원, 남들이 이름만 들어도 알만한 학원에 갈 동기가 생겨서 보내달라고 한다면 저도 마음 열고 그 학원을 꼼꼼히 살필 의향은 있습니다. 아이가 부릉부릉 시동을 켜고 해 보겠다는데 막는 것도 이상하죠.

어쨌든 지금은요 잠깐 보습 학원 다녀와서 놀이터에서 구름사다리 타고 보드 타고 자전거 타는 동네에서 광합성 량은 둘째가라면 서러운 5학년 친구예요. 수학 영어학원은 안 다녀도 청소년 수련관에서 기타 배우고 수영 배우고 태권도 다니고 발차기 연습하다가 너무 높게 차고 싶어서 한 번씩 자빠지고 하는 그런 친구요.

그런데 그런 동네 놀이터 언니도 꼭 지키는 게 있어요. 담임 선생님과의 상담 시간에 그러시더라고요. 유하는 학교를 좋아하는 아이라고. 수업 시간에 어떤 새로운 배움이 있을지 궁금해하고 집중하는 아이라고. 선생님을 좋아하고 친구들을 좋아해서 학교에 있는 시간이 즐거운 아이라고. 선행을 하진 않지만, 단원평가나 수행평가에서 틀리는 문제없이 그 학년의 내용을 잘 소화하는 아이라고요. 마음속에 따뜻한 물이 출렁이더라고요. 선행은 안 해도 태도는 초등 시절 꼭 장착했으면 하는 게 엄마 바람이었거든요. 둘째 돌보고 제 일을 하느라 꼼꼼히 챙겨주지 못했는데 그 자리를 스스로 채워주면서 자라고 있단 생각이 들어서요.

동네 놀이터 언니가 학교생활 말고 또 사수하고 있는 것은 책이에요. 자유 시간이 생기면 영어책 우리말 책 가리지 않고 장르 가리지 않고 푹 빠져 묵독해요. 열두 살 언니가 이제껏 읽은 책이 제가 평생 읽은 책보다 많은 것 같아요.

한번은 반 친구 엄마가 그러시더라고요. 유하는 책을 많이 읽는 친구로 통한다고. 학교 도서관 책을 거의 다 읽어서 친구들이 책 추천 받고 싶을 때 찾는 친구라고요. 아직은 핸드폰을 모르고 영상보다는 종이책을 좋아하는 아이. 최대한 지켜주고

싶어요. 책과 사고가 성장하는 모습을 오래오래 보고 싶어서
말이죠.

선행에 대한 생각

유로네 첫째는 선행을 하고 있지 않습니다. 반 친구들이 한
두 학년 선행은 기본이고, 고등학교 수학을 풀고 있는 경우도
많은 것을 감안하면 확연히 뒤처지는 진도죠. 하지만 굳이 이
트렌드를 맞추기 위해 '진도를 빨리 빼는' 데 힘을 들이지 않는
지극히 개인적인 이유가 있습니다.

빠른 진도보다는 좋은 공부 습관

다 아는 내용이기에 수업 시간에 딴 짓하기보다는 접하는
내용에 호기심을 가지고 집중할 줄 아는, 배운 것을 본인 것으
로 소화할 줄 아는 아이가 되었으면 좋겠다고 생각했습니다.
물론 공부 근육이 약하기에 좌충우돌 시행착오가 당연히 있지
만 지나친 선행으로 기회 자체를 뺏고 싶진 않았습니다.

선행보다는 심화

중고등학생인 아이에게 '아무리 시간이 오래 걸려도 좋으니 한 문제를 끝까지 물고 늘어져 봐라!' 말할 수 있을까요? 그래도 여유가 있는 초등 시기에 잘 안 풀리는 문제와 씨름해 보고 요리조리 풀어가는 과정에서 성취감을 경험했으면 좋겠다고 생각했습니다. 최상위 문제들을 함께 다루고 있기에 조금 늦지만, 차곡차곡 가보려고 합니다.

또래의 노력을 존중하는 태도

첫째가 집에 와서 종종 하는 말이 있습니다. "지율이는 중학교 3학년 수학하는데 그땐 이런 게 나온대." 아이가 친구들의 진도를 전혀 의식 안 한다고 하면 거짓말이겠죠? 하지만 그 친구는 나보다 수학에 더 많은 시간과 공을 들인 것을 인정하기에 단번에 무리하게 따라잡으려 하기보다는 본인의 페이스에 더 집중하는 동기로 삼았으면 좋겠다고 생각했습니다. 앞으로도 계속 노출될 또래 자극이니까요!

한 가지 정답이 있을 수 없는 '선행'. 아이의 성향, 부모의 가치관, 또래 자극 등을 고려해서 참 어렵지만 최선의 판단을 내리는 데에 참고하실 수 있는 한 가지 작은 사례가 되었으면 좋겠습니다!

유로네가 실행하고 있는 교육 환경 첫 번째 : 거실 교육

한 번은 수능 전문 강사인 정승익 선생님의 강연을 들었어요. 요지는 낙타 바늘 같은 입시 관문을 통과할 수 있는 핵심 역량은 선행이나 촘촘한 사교육으로 만들어지지 않는다는 것이었어요.

결국엔 얼마나 고통을 잘 넘길 수 있는지를 결정하는 인내심과 높은 자존감이라고요. 그리고 그걸 심어줄 수 있는 통로는 가정의 환경과 부모의 사랑이라는 것. 맹목적인 사랑이 아니라 가정의 틀과 규율 안에서 아이들을 존중하면서도 도전하는 과제를 충분히 주는 것인데, 아이한테 높은 기대를 하지만 부모가 열심히 사는 것으로 좋은 자극을 주는 것이라고요.

초등학교 때는 주도적인 공부 습관과 좋은 공부 정서를 갖는 것이 관건으로 지목되었는데요. 동기, 능력, 자극 측면에서 공부하는 행동으로 가장 수월하게 연결하는 환경이 바로 거실 교육이라고 하더군요.

위로가 되는 이야기였어요. 저는 사실 꼼꼼하거나 모든 걸 하나씩 다 챙겨줄 수 있는 엄마 스타일이 아니고, 일이 항상 턱 끝까지 차올라서 그럴 시간이 사실 없어요. 그래서 남편과 제가 열심히 일하고 책 읽고 공부하는 모습을 나누는 것으로 환경을 만들어주면 좋겠다는 생각에서 거실 교육을 시작했거든요. 그런데 그 방법이 좋다고 확인받은 기분이 들어서 그랬나 봐요.

일단 둘러앉으면 소속감이 느껴지는 게 좋아요. 서로의 얼굴을 한 번이라도 마주 보게 되니 괜히 든든하고 마음이 안정되더라고요. 제가 이런 감정이라면 더 여리고 잘 흔들리는 아이들은 더 고스란히 마음 밭에 저장하겠죠? 부모의 묽은 사랑, 용기, 인내심을 심어주는 것으로 생각해요. 그렇게 정서가 안정되면 공부는 자기네들 묽으로 알아서 하는 것이라 믿어요. 그 방향 흔들리지 않으려 오늘도 고군분투하는 유로네입니다.

유로네가 실행하고 있는 교육 환경 두 번째 : 도서관 교육

빌 게이츠가 말했죠. 하버드 졸업장보다 귀한 것이 독서하는 습관이라고요. 그 습관을 들여주기 위해 유로네는 격주 주말에 무조건 도서관에 갑니다. 아이에게 가장 좋은 독서 환경은 부모가 책을 가까이하고 즐겨 읽는 모습을 보여주는 것이잖아요. 근데 집에서는 밥해야지 빨래해야지 숙제도 챙겨야지 책에만 집중하기가 여간 어려운 환경이 아니잖아요.

도서관에 가면 엄마 아빠 아니라도 모두가 책을 읽고 있어요. 뭐가 그렇게 재미있는지 다들 골똘히 숨도 안 쉬고 보는 것 같죠. 장마철 무더위처럼 잔소리하지 않아도 그 환경 자체가 다 해 주는 시스템을 사랑합니다. 도서관을 많이 이용할수록 독서량이 4배 높다는 연구 결과도 있더라고요.

일단 도서관에 가면 뭘 하라고 강요하진 않습니다. 특히 둘째는 첫째처럼 책과 사랑에 빠진 상태와는 거리가 멀기 때문이에요. 원화 전시도 보고 어린이 이벤트도 참여하고 그러다가 도서관 자체랑 친해지고 친구들이 책 읽는 모습에 관심을 가지게 되더라고요. 도서관이 즐거운 곳이라는 첫인상을 가지게 되니 격주 토요일이면 둘째가 이제 먼저 도서관에 가는 날이라고 챙깁니다.

둘째가 도서관에서 책을 고르는 것에 흥미를 보인 것은 보물찾기 놀이를 하면서부터였던 걸로 기억해요. 동물, 똥 방귀,

친구, 아이가 관심 있어 하는 주제로 관련 책을 모으는 놀이인데요. 자기에게 맞는 책, 좋은 책 고르는 연습이 되더라고요. 책이 나랑 상관없는 무언가가 아니구나! 느끼게 해준다는 점이 좋았어요.

그렇게 좋아하는 책을 뽑아오면 집중할 수 있는 만큼만 보고 나머지는 빌려 가면 된다고 하는 마음으로 한 권이라도 재미있게 봅니다. 이왕 도서관에 왔으니 다양하게 많이 읽고 가면 좋겠죠. 하지만 어디 첫술에 배부를 수가 있나요. 도서관 나들이는 언제 가도 즐거워야 방앗간처럼 자주 찾게 된다! 상기시키면서 차오르는 욕심을 후후 조절합니다.

그리고 사실 막내가 제일 좋아하는 건 본인 회원증으로 책 빌려오기에요. 왕언니, 어른이 된 것처럼 으쓱해지나 봐요. 그래서 아이가 빌려 가겠다는 책이 사실 엄마 마음에 쏙 들진 않아도 일단 선택을 존중해줍니다. 그럼 자기가 빌려온 책은 "이건 내꺼!" 하면서 한두 번은 더 꺼내보더라고요. 아이들도 어른들이랑 똑같이 생긴 책임감이 미니 사이즈로 장착된 것 보면 깜찍하죠.

이렇게 루틴으로 만든 덕분인지 첫째는 책을 피부처럼 생각합니다. 제가 잘 까먹어서 기특한 마음을 잊을 때가 많지만 딸한테 가장 자랑스러운 부분이에요. 둘째는 아직 피부 언저리에도 못 갔어요. 그래도 한 권씩 뽑아 와서 언니처럼 미간에 힘 주고 폼 잡는 날이 쌓이고 있으니 언젠가 절친처럼 생각하는 날이 오겠죠?

2장

부모가 숫자에 무관심해야
아이는 영어를 사랑한다

엄마들한테 (나한테)
하고 싶은 말

부모의 태도 ① 자신의 욕구를 아이에게 투영하지 않는 것

아이는 나에게 맡겨진 손님

'살면서 언제 제일 많이 울었냐' 물어보신다면 저는 둘째를 낳고 조리원에 들어간 날을 이야기합니다. 친정엄마가 열 명 있는 것처럼 느껴진다는 그 천국 같은 곳에 들어가면서 왜 울었는지 의아하실 거예요. 그건 아이러니하게도 아기 없이 저 혼자 조리원에 들어가야 했기 때문이에요.

임신 막달 검사까지도 이상 없이 건강하게 자란 아기인데 태어나자마자 폐포가 제대로 펴지지 않아 호흡이 원활하게 되지 않는 빈호흡 증세를 보였어요. 그래서 제 품에 한 번 안겨보고는 바로 신생아 중환자실로 호송이 되어야 했었죠.

출산 직후라 몸이 온전할 리 없었지만, 하루에 딱 한 번 10분간 면회가 되는 그 시간만을 기다렸어요. 목에 관을 꽂고 있었기에 울지도 못하는 아이를 하염없이 쳐다보고 어루만지면서 단 한 가지 생각밖에는 들지 않았어요.

'함께 있고 싶다. 아이를 다시 내 품에 안고 같은 공간에서 시간을 나눌 수만 있다면 뭐를 더 바라고 욕심낼까' 하는 생각이요.

조금이라도 빨리 회복될까 싶어 초유를 한 방울 한 방울 틈이 날 때마다 모아서 면회 때 가져다주는 미션으로 2주가 지나고 드디어 아기를 내 품에 앉아보는 순간, 저는 확실히 느꼈습니다. '아이는 내 소유가 아니구나. 하나님이 내게 선물로 잠깐 맡기신 손님이구나' 당연히 그 마음이 변함없을 리 없지만 아이가 크고 작게 아플 땐 정신이 바짝 차려집니다. 그리고 제 소유가 아니라는 것을 다시 깨끗하게 인정합니다.

손님이라고 해서 내 일상 희생해 가며 완벽하게 대접해야 한다는 뜻이 아닙니다. 저는 다시 태어나도 그렇게 완벽하게 희생할 수 있는 사람이 될 수 없어요. 그래도 함께 보낼 수 있는 시간이 정해져 있다는 것을 아는 것. 함께 하는 하루가 당연하지 않다는 것. 내 것이 아니기에 내 욕심을 반영하지 않는 것. 그래서 손님이 떠날 때가 되면 울고불고 후회하기보다 축복해 주며 보내고 싶다는 것 정도가 될 거예요. 내 인생 최고의 손님인 아이가 나와 함께 했던 시간을 따뜻했다 즐거웠다 기억하길 바라면서요.

부모의 태도 ② 미안함보다 자부심을 느끼는 육아

내 일에 최선을 다하는 것이 최고의 육아이자 최고의 환경

저는 둘째가 태어나기 전까지 공기업을 다니는 워킹맘이었어요. 아이가 만 15개월 때부터 회사에 있는 어린이집에 맡기고 복직을 할 수밖에 없었죠. 말캉말캉 아직 아기 냄새나는 애를 맡기자니 발은 안 떨어지고 마음은 어린이집에 붙어 있었어요. 매일 아침 출근하는 길에 '여명의 눈동자' 찍듯 가슴 아프게 아이와 헤어졌고요. 그런데 같이 어린이집에 아이를 맡기고 나오는 동기 언니의 얼굴은 꽤 가벼워 보이는 것이었어요.

"언니, 난 유하를 이렇게 일찍 어린이집에 맡기는 게 너무 미안해. 아침마다 마음이 아리네."

그 말에 언니는 1초의 머뭇거림 없이 대답하더라고요.

"우리가 왜 미안해야 해? 우리가 아이를 맡기고 놀러 가? 어디 낮잠 자러 가냐고. 회사 가서 눈코 뜰 새 없이 일하고 하루 종일 최선을 다하는 거잖아. 그런데 왜 그게 미안한 일이 되어야 해?"

"미안하면 아이들도 느낀다. 괜히 엄마한테 치대고 칭얼대고 서로 힘들어져. 미안해하지 마! 오히려 자부심을 가지고 둘이 같이 있는 시간에 최선을 다해".

그 말을 들은 저는 머리가 띵하더라고요.

아이가 아파도 내가 미안한 일이고 아이가 울어도 내가 미안한 일었던 제게 육아의 관점을 바꿔준 말이 되었어요. 근데 그게 우리잖아요. 엉덩이 잠깐 붙일 사이도 없이 일하러 가면서도 미안한 마음이 들고요. 일상에서 육아 살림 일로 바빠도 미안한 마음이 화수분 생겨나는.

그걸 부인할 수 없어도 일말의 자부심은 가지고 육아해야

나도 안 지치고 아이도 안 지칠 것 같아요. 내 인생을 열심히 살아가는 것 자체가 아이에게 좋은 환경이 되어 준다고 하잖아요. 그러니까 우리 조금만 가벼워지고 조금만 더 행복해져 봐요. 내가 뭘 하고 싶은지 내가 어떤 걸 하면 기분 좋아지는지 조금은 이기적으로 챙겨보면서요. 엄마가 행복한 모습이 아이들한텐 가장 좋은 선물이 되어주는 건 분명하니까요.

나보다 아이를 더 사랑할 수 있는 전문가가 있을까?

다리가 쇳덩이 같고, 피로가 어깨에 가득한 그런 날 있죠? 화장기 하나 없이 점퍼 하나 대충 걸치고 따뜻한 햇볕 아래서 멍 때리고 싶은 그런 날이요. 겨우 애들 재우고 가만히 누워 생각해 보면 다른 날에 비해 못 해준 것, 다른 엄마들에 비해 못 해준 게 스멀스멀 생각납니다. '영상 너무 많이 보여준 거 아냐?', '저녁 너무 대충 때웠네' 하면서요.

그런데 한 번만 뒤집어 생각해 보면 참 해준 게 많네요. 손 까딱할 힘없어도 닳도록 소환하는 '엄마 찬스'에 응해 주고, 습관 들어서 당연하게 뽑아오는 책을 그래도 한 번 더 읽어주고요.

하루 이틀 하는 엄마 역할이 아닌데 어떻게 맨날 좋고 똑같을까 생각해요. 흡족한 날도 있고 아쉬운 날은 더 많지만 그래도 '내 아이 행복을 위해 놓지 않고 붙잡고 있네, 무거워도 뚜벅뚜벅 걸어가고 있네!' 셀프 칭찬 한번 두둑이 하고 팔다리 크게 뻗었으면 좋겠어요! 아무리 전문가라도 아무리 능력자라도 우리만큼 이렇게 가까이서 꾸준히 사랑해 줄 수 있는 사람 절대 없으니까요.

40줄에 아이를 낳으면 생기는 일

전 둘째를 서른여덟 살에 낳았어요. 서른세 살에 낳은 첫째에 비해 같이 놀아준 시간이 반의반도 안 될 거예요. 한번은 친정엄마랑 육아하는 텔레비전 프로그램을 보고 있는데, 세상에 아기 엄마가 아기를 재운다고 온 집에 불을 다 끄고 텔레비전은 물론 가족들 입도 뻥끗 못 하게 통제하더라고요.

둘째 재울 때 아이 방 밖에서 한낮처럼 떠드는 우리 집 분위기랑 사뭇 달라 엄마한테 "아우 저 엄마 참 유난이다" 했더니 엄마가 저를 휙 보시더니 "기억 안 나? 너는 저거보다 훨씬 더 했어" 하시더라고요.

5년 터울로 아이를 키우다 보니 첫째 때 제가 어떤 일을 저질렀는지 기억조차 못 하고 그런 말을 던진 거죠. 이 정도로 첫째랑 둘째 키울 때 쏟은 에너지는 완전히 달랐어요. 그래서 제한적인 관절 가동 범위를 탓하며 둘째한테 미안한 마음이었죠.

그런데요 조선미 교수님 강의를 보니 '엄마랑 덜 노는 아이, 혼자서 많이 노는 아이가 오히려 놀이를 만들어내는 능력이 좋다' 하시네요. 또래가 자기를 다 맞춰주지 않아도 참아내는 능력이 좋아서 유치원에서 오히려 인기를 끄는 아이가 될 확률이 높다고 하더라고요. 그 말을 듣고 보니 제가 물고 빨고 하나하나 다 챙겨줬던 첫째보다 헐렁하게 키운 둘째의 유치원 사회력이 훨씬 더 센 것 같더라고요.

나이 좀 있는 엄마, 미안해만 할 게 아니라 있는 그대로가 또 장점으로 분명 작용한다니 마음을 홀렁홀렁 가볍게 해봅니다. 여러분 집 분위기는 어떤가요? 첫째에 비해 둘째가 사회성이 좋은 게 사실인가요?

정서 위에 얹는
영어

부모의 태도 ① 정서 심어주기

유년기의 정서가 중요한 이유

시간 개념 중 '카이로스'와 '크로노스'를 아시나요? 크로노스는 누구에게나 같게 적용되는, 흘러가는 시간이고 카이로스는 가치를 창출하는 특별한 시간이라고 해요. 카이로스를 잘 설명하는 예화가 있습니다. 바로 암으로 남편을 30대에 여의고 남은 평생 3남매를 홀로 키워낸 한 어머니의 이야기입니다.

짐작도 하기 힘든, 고단했을 그 시간을 어떻게 견뎌내실 수 있었냐는 질문에 그 어머니는 남편의 병세가 악화하기 전 함께 떠났던 여행을 말하죠. 그 여행에서 남편은 산책하는 시간 내내 아내의 손을 놓지 않고 따뜻하게 잡아주었고, 그 시간이 '카이로스'가 되어 남은 여정을 지켜주는 원동력이 되었던 거죠.

우리 아이들은 어떨까요? 언제까지 부모가 대신해 줄 수 있을까요? 아이는 자라서 어느 순간부터는 홀로 감당해야 하는 여정을 걷게 되겠죠?

이 쉽지 않은 길을 홀로 걸을 때, 꺼내 먹을 수 있는 자산이 되는 것은 유아기에 본인 눈높이와 흥미에 맞게 부모와 깊이 소통하며 놀아본 시간, 그리고 그 시간을 통해서 갖게 된 안정적인 정서일 겁니다. 우리가 아이들을 평생 따라다닐 수는 없지만 이 시기에 만들어 준 건강한 정서는 평생 아이들 삶의 바탕이 되어줄 거예요.

조기 유학을 보낼 마음이 없는 이유

그렇기 때문에 저는 아이를 조기 유학 보낼 마음이 없습니다. 물론 경제적 여유가 없어서가 중요한 이유고 아이가 보내달라고 조른 적이 없어서도 맞습니다. 하지만 금전적인 여유가 있고 아이가 보내달라고 애원을 해도 망설일만한 진짜 이유는 따로 있습니다.

미성년 시기에 유창한 영어 하이엔드 교육보다 중요한건 가정 안에서 뿌리내려야 하는 건강한 정서이기 때문입니다. 다른 건 그 시기가 지나도 다 없을 수 있습니다. 그리고 아이의 정서가 건강하고 안정적이라면 오히려 시너지가 나고요. 하지만 이 시기가 지나고서는 기회가 없는 정서 그릇은 어떻게 보상 받을 수 있을까요?

아이의 정서가 가정 내에서 탄탄하게 형성 된 후 본인이 동기가 생겨서 꼭 가고 싶어 하면 그 땐 본인이 장학금 받아서 가는 걸로 합시다!

손을 번쩍 드는 문화

제가 결혼 전에 아이들을 가르치던, 영어로 예배드리는 주일학교에서 있었던 일이에요.

반은 한국 초등학교에 다니는 아이들 반은 외국인학교를 다니는 아이들로 구성이 되어 있었는데요, 설교 시간에 목사님이 질문하면 여지없이 반복적으로 나타나는 모습이 있었어요. 한국 초등학교 다니는 아이들은 목사님과 행여나 눈이 마주칠까 하나같이 고개를 숙이고 있는 모습이었고, 외국인 초등학교에 다니는 아이들은 행여나 본인이 지목되지 않을까 봐 자리에서 엉덩이까지 떼어가며 "Me! Me!" 하며 손을 번쩍 번쩍 들었어요.

본인이 아는 것이 나오고 본인이 좋아하는 것을 경험했을 땐 한 번이라도 더 표현하고자 하는 것이 아이들의 본성인데, 왜 이런 모습이 나타날까 의아하기도 하고 속상하기도 했죠. 그러다가 제가 어렸을 때 경험했던 한국 학교에서의 일이 떠올랐어요.

반 전체와 다르게 행동하거나 표현하면 소위 '튀면' 선생님이 좋아하지 않았던, 친구들도 달가워하지 않았던 문화를요. 그래서 혹시나 내가 하는 말이나 행동이 다수가 하는 것과 다르거나 튈까 봐 조심스러워지고 두 번 생각하게 되었던 때를요.

유하가 지금 다니는 학교는 생각이 열린 선생님을 만나 한 번이라도 더 표현하도록 유도해 주시고 칭찬해 주시는 분위기인데요, 주위의 이야기를 들으면 아직도 수업 시간에 많은 질문을 하거나 아는 것을 표현하면 좋지 않게 생각하는 문화가 있다고 들었어요. 수업 시간에 튀어서 한 소리를 들은 아이에게 엄마가 선물을 별도로 사주며 "수업 시간에 질문하지 마, 알았지?" 하고 달랬다는 이야기도 들었고요.

물론 개인이 아닌 사회 속에서 지내는 공간이고 시간이기 때문에 기본적인 배려와 매너는 중요하다고 생각해요. 하지만 어른이 편하기 위해 통제하기 좋은 방식을 위해 아이들의 본성을 자제시키는 것은 안타까운 일이라 생각합니다. 그리고 이런 안타까운 일을 내가 집에서 하고 있진 않은지 생각해 보게 됩니다.

건강하게 질문하고 건강하게 받아들이는 일이 점점 더 중요해지는 요즘이죠. 아이가 자유로운 생각을 쏟아낼 때 한 번이라도 다르게 말할 기회를 주고 한 번이라도 더 집중해 주는 일, 우리 말고 누가 먼저 해줄 수 있을까요? 우리의 귀를 먼저 열어주는 일이 우리 아이들의 '손 번쩍 드는' 문화로 차근차근 연결될 거로 생각합니다.

부모의 태도 ② 교육의 중심 잡기

한참 거슬러 올라가 보면 가정은 가족이 하루 중 시간 대부분을 함께 보내고, 타인의 도움 없이 구성원 모두가 집안일을 담당하는, 그리고 그 안에서 경제 활동, 교육이 이루어지는 형태였다고 하죠. 하지만 언제부터인가 엄마 아빠는 각자의 일자리에서 바쁘고 아이들은 학교와 학원에서 바쁜, 모두가 치열하게 사는 일상에서 하루 중 자투리 시간을 함께 보내는 곳이 되어버렸던 것 같아요.

그러나 우리가 놓지 말아야 하는 건 내 아이 교육에 대한 부모의 책임감, 이를테면 주인의식이라고 생각합니다. 내가 할 시간이 없거나 나보다 더 잘할 수 있는 사람이 있어서 아이 교육의 일부 또는 전부를 '위탁'하는 건 얼마든지 할 수 있지만, 그 시기와 내용, 방법은 철저히 부모가 선택할 수 있어야 한다고 봅니다.

우리 아이 교육을 책임지고 이끌어갈 '사람은 예나 지금이나 변함없이 부모입니다. 물론 '자녀 교육' 문제는 골치 아프고 부부싸움의 주원인이 되기도 하지만, 이는 훗날 아이가 자기 인생을 멋지게 꾸려나갈 수 있도록 아이의 힘을 키워주는, 부모만이 누릴 수 있는 특권이 아닐까 합니다.

아이가 세상을 바라보는 건강한 가치관을 세우고 주체적으로 살아 나갈 힘을 기르기 위한 밑바탕은 부모에게서 시작됩니다. 이 점을 기억하고 부모의 특권인 아이 교육의 주도권을 놓치지 않기를 바랍니다.

다음 보여드리는 예시를 주의 깊게 봐주세요. 영어 입시가 필수 관문인 한국 교육 환경에서 부모의 주도성이 얼마나 중요한지를 볼 수 있는 사례입니다.

CASE 1. 중심 없이 조류에 휩쓸리면 나올 수 있는 불행한 사례

01 영어유치원
02 초등영어학원
03 초등 고학년 내신 준비반
04 중고등학교

부모가 중심을 잡지 않고 교육 트렌드라는 조류에 휩쓸리게 되면 어떤 결과가 나올 수 있는지 사례를 들어보겠습니다. 가장 첫 영어 사교육 관문인 영어유치원. 아이가 보통 5세 때, 적어도 6세 때 이 영어유치원에 보내는 경우가 많죠. 한두 해는 엄마가 아이 영어에 손을 떼고 온전히 영어유치원에 맡깁니다. 하지만 7세에 이르면 '초등 영어 학원 입학'이라는 큰 관문이 기다리고 있죠? 결국 7세부터는 영어유치원에 보내면서도 최고의 아웃풋을 위한 '추가 사교육'을 시키기도 합니다.

리딩 점수가 안 나오는 아이들은 영어도서관에 보내고, 쓰기가 부족한 아이들은 개별 선생님을 붙이죠. 몇 해 동안 수천만 원 이상의 거금을 들였는데 내 아이가 좋은 영어 학원, 괜찮은 반에 들어가지 못한다고 생각하면 피가 거꾸로 솟을 거예요. 그러니 아이의 나이에 안 맞는 가혹한 일인 줄 알면서도 그렇게 할 수밖에 없습니다.

그렇게 해서 SR(리딩 점수) 3점대, 간단한 회화, 기술적인 글쓰기 실력을 갖추고 초등 영어학원에 들어갑니다. 대체로 주 3회 두 시간 반 코스인데요. 이 코스에서 한국 초등학교 1학년 학생들은 대부분 미국 초등학교 3학년의 교과서를 공부하고 그 이상 점수대의 챕터 북을 숙제로 할당받게 됩니다.

하루에 몇십 페이지의 분량 중 모르는 단어를 정리하고 뜻을 한글로 적어야 하므로 놀이터에서 노는 시간을 마지못해 반납하고 리딩 숙제를 겨우 해나갑니다.

한편, 스피킹의 경우에는 별도의 스피킹 환경이 보장되지 않기 때문에 점점 실력이 줄어듭니다. 첫해는 아이가 어떻게든 버티지만 2학년 말부터는 아이가 너무 지치고 힘들어하죠. 엄마에게 학원 다니기 싫다고 말하지만 소용없죠. 엄마도 마음이 안타깝고 아이에게 무리인 줄 알면서도 엄마의 불안을 줄여줄 대안이 없기에 그 코스를 강행합니다.

그 이후는요? 초등 4, 5학년부터 한국 중학교 문법과 내신을 대비하는 '한국식' 대형 영어학원에 다니게 되죠. 거기에서는 영어유치원을 나오지 않은 아이들과 함께 공부하게 되죠. 그리곤 수능 때까지 한국 내신과 입시를 위한 영어 교육을 진행하게 됩니다.

그렇다면 정작 아이가 수능 시험 이후 사회에 나가서 써야 하는 소통 영어는 유지될 수 있을까요? 언어가 의사소통의 도구임을 고려할 때 매일매일 쌓지 않고 묵혀 두어도 가능한 일일까요? 저는 그렇지 않다고 봅니다. 초등학교 3학년 이전까지 영어에 천문학적인 돈을 썼다고 해도 그 명맥을 유지하지 못할 가능성이 매우 큽니다. 어쩌면 우리 세대가 한국식으로 교육받았던 영어와 비슷한 결과, 원어민을 만났을 때 소통하지 못하고 읽고 쓰는 영어만 가능한 '반쪽짜리 영어'라는 슬프고 안타까운 결과로 귀결될 수 있다는 것입니다.

CASE 2. 공부를 많이 하지 않은 것 같은데 잘 풀리는 사례

01	02	03	04
소리를 만만해하고 상황에 맞게 표현	유치원 파닉스 입체적 리딩	문법 감으로 풀이	내신/수능 영어 취미로 누림

그러면 위와는 상반되는 사례를 한번 보겠습니다. 제 아이들과 한국에서 계속 마주칠 수 있는 사례를 정리한 것입니다.

① 미취학인 아이가 영어 소리를 만만하게 생각합니다. 노래를 따라 부르고 명사나 동사 자리를 바꾸며 우스꽝스럽게 마음대로 부릅니다. 그리고 분명히 누가 가르쳐준 표현이 아닌데 "Wow! That's awesome!" 외치듯이 상황에 맞는 표현이 입에서 툭툭 튀어나옵니다.

② 그런 아이가 일반 유치원에서 파닉스를 배우고 몇 개월 후엔 집에 와서 "Magic Plate"를 써보겠다며 소리 나는 대로 "MGC PLAT"라고 꾹꾹 눌러 씁니다. 그냥 흘러가는 파닉스 수업이 아닌, 음가가 제대로 인식되고 쓰기(encoding, invented spelling)와도 연결되는 상호작용이 일어납니다. 영어 읽기 독립이 된 후엔 영어책을 무서운 속도로 골라서 들고 오기 시작합니다. 한자리에 앉아서 몇 시간이고 푹 빠져서 책을 봅니다. 분명 종이에 까만 글씨만 빼곡한데, 어른인 우리조차 읽고 싶지 않을 것 같은 페이지를 들여다보죠. 마치 영화를 보듯이 무서운 장면에서는 미간을 찌푸리기도 하고 재미난 장면에서는 박장대소를 터트립니다. 다 읽고 나서는 영화 버전보다(영화화된 경우) 더 재미있다고 표현합니다. 하루에 읽어야 할 페이지를 지정해주지 않아도 리딩 레벨이 쑥쑥 올라가죠. 초등학교 때는 별도로 학원에 다니

지 않고 화상 영어로 스피킹을 유지하고, 온라인으로 이루어지는 창의 융합 프로젝트 등을 활용해 영어를 도구로 삼아 핵심 역량을 쌓고 또래와 소통하는 경험을 합니다.

③ 본격적으로 한국식 영어 교육을 받게 되는 중·고등학교! 그러나 '성문종합영어' 스타일의 한자로 설명되는 영어 문법을 처음부터 끝까지 그대로 다 공부하지 않습니다. 위와 같은 과정을 거쳐온 아이는 이미 문법을 상당 부분 이해하는 단계이고, 문법 문제도 '감'으로 소리를 맞춰가며 풀 수 있기 때문입니다. 단, 예외적인 문법, 변칙적인 문법에 관한 공부나 시험 범위의 공부는 가볍게 해줘야 합니다.

④ 수능 시험을 포함한 입시 준비로 시간적, 정신적 여유가 없는 고등학교 기간에도 영어를 취미로 가져갑니다. <외고에서 통하는 엄마표 영어의 힘>의 저자 김태인 작가의 아이들은 고등학교 때 아침에 일어나서 학교에 가기 전 'CNN'이나 'National Geographic' 등의 영상을 보거나, 야간자율학습을 마친 뒤에는 평소 즐겨보는 미국 드라마나 영화를 한 시간 정도 보며 머리를 식히는 방식으로 영어의 감을 유지했다고 합니다. 외고의 영어 내신이 만만치 않은 수준이지만 어릴 때부터 지속해 온 영어책 읽기와 영상으로 습득한 영어 내공으로 학교 시험 범위에 해당하는 지문을 여러 차례(다 회독) 읽는 방법을 적용하며 시험을 무난히 치를 수 있었다고 합니다.

수능의 경우 지문의 난이도가 있고 정해진 시간 내에 풀어야 하는 압박감 속에서 지문을 빠르게 소화하고 정확하게 문제를 풀어야 합니다. 이때 모르는 단어가 나와도 전체적인 맥락 안에서 단어의 의미를 유추해 가며 핵심을 파악해야 하는데요. 한두 시간 푹 빠져서 챕터 북이나 소설을 읽었던 아이라면 수능에서도 충분히 자신의 역량을 드러낼 수 있습니다. 이렇게 입시 수능을 거쳐 대학에 들어가고 나서야 소통하는 영어'를 쓰는 사회에 나가게 되죠.

내신과 입시를 거치느라 4 대 영역에서 조금 뒤처지거나 잃은 부분은 있겠지만 중요한 것은 영어에 대한 감, 생명력이 살아있다는 점입니다.

이 감각이 살아 있다면, 아이는 유학이든 취직이든 자신이 목표하는 바에 필요한 특정 영어 스킬을 연마하고, 그것을 자신이 가지고 있는 영어 감각에 더해 원하는 방향으로 나아갈 수 있습니다.

앞의 두 가지의 상반된 사례 잘 보셨나요? 이 두 사례의 가장 큰 차이, 첫 번째 사례에는 없고 두 번째 사례에는 있는 것이 무엇일까요?

그것은 바로 부모가 '영어 교육의 핵심(전용 회로, 모국어식 영어 환경)'을 알고 중심을 잡았는가, 하는 점입니다.

부모가 아이 영어 교육의 모든 것을 해야 한다고 말씀드리는 것이 아닙니다. 사교육은 얼마든지 활용할 수 있죠. 다만, 부모가 필수적으로 해줘야 하는 부분에 집중하며 부족한 부분은 목적에 맞는 사교육을 활용하는 전략, 아이를 가장 잘 이해하고 사랑하는 부모만이 결정하고 제공할 수 있는 안정적이고 일관적인 트랙을 말씀드리는 것입니다.

우리가 아이 영어 교육의 끝 지점으로 그리는 것은 한국의 교육 과정을 잘 따라가고, 사회에 나가면 전 세계 사람과 함께 공부하고 일해야 하는 상황에서 영어로 소통할 수 있고 경쟁력을 갖출 수 있는 '쓸모 있는' 영어 능력을 쌓는 것, 이것 아닐까요?

한국에서 아이가 그와 같은 영어 능력을 갖추려면 이미 어렸을 때부터 소통 영어가 아이에게 뿌리내려야만 합니다. 이것은 부모만 해줄 수 있습니다. 부모가 소통 영어 뿌리내리기의 핵심을 알고, 그것을 중심에 두고 영어 교육의 주도권을 잡는 것뿐입니다. 또한 그 주도권이 흔들리지 않을 때 사교육을 전략적으로 활용할 수 있습니다.

사교육은 맹목적으로 붙잡고 따라가야 하는 것이 아닌, 내 아이의 부족한 부분을 채워줄 수 있는 보조 수단이자 다양한 옵션이어야 합니다.

'쓸모 있는' 영어 능력을 가정에서 장착시키는 유로네 영어 방식. 부작용이 있진 않은지, 부모가 너무 고단해지는 건 아닌지 궁금하시죠. 어떤 특성이 있는지 먼저 설명해 드릴게요.

3장

유로네의 쓸모 있는 영어

유로네 영어의 특성

✦ 앞서 말씀드렸던 것처럼, 저는 워킹맘이라 시간과 에너지가 부족했습니다. 그럼에도 영어 교육의 중심을 집안 영어 환경 만들기로 선택한 것은 아이에게 '쓸모 있는 영어'가 뿌리내리도록 해 주고 싶었기 때문입니다.

그런 바람으로 자신만만하게 만들기 시작한 영어 환경이었지만 정보도 많지 않고 동료도 없이 생소한 길을 걷는 건 쉽지 않았습니다. 아이가 극심한 영어에 거부 반응을 보이기도 했었고요. 하지만 그런 시행착오를 혹독히 겪었기에 땅을 갈아엎은 것처럼 단단한 영어 환경을 만들어 줄 수 있었습니다.

첫째를 통해 영어 환경 만들기의 굵직한 과정을 온전히 한 번 거쳐낸 덕분일까요? 둘째에게 영어 환경을 만들어 줄 때는 아이뿐만 아니라 저도 사뭇 여유로울 수 있었고 효과적으로 할 수 있었습니다.

아이의 습득 방법과 수준에 맞춰준 모국어식 영어 환경 안에서는 일상을 희생하거나 특별히 고생하지 않더라도 아이의 성장이 보입니다. 하루가 다르게 영어 청신호를 반짝반짝 보내 주니까요.

이 모든 과정이 담긴 유로네 영어의 특성은 두 가지입니다. 부모와 아이가 교감하는 행복한 영어와 수능부터 회화까지 쓸 모 있는 영어. 이 두 마리, 아니 세 마리 토끼를 다 잡는 게 정말 가능하냐고요? 가능합니다. 왜 그런지 이제부터 말씀드릴게요.

유하가 신나게 영어 하는 영상

4대 영역 안에서의 균형 :
영어 전용 회로와 모국어 습득 방식

영어는 수학 등의 다른 과목과는 달리 '언어'라는 확연한 차별점이 있습니다. 언어의 본질은 일상에서 의사소통의 도구로 사용된다는 점입니다. 우리가 평생을 영어에 투자했지만 영어를 의사소통의 도구로 누리지 못하는 이유는 영어를 언어가 아닌 학습, 개별의 암기과목으로 접근하고 배웠기 때문입니다.

우리 아이들에게 이런 불운의 사례를 물려주지 않기 위해서, 한국에서도 영어를 언어로 누리게 하는 데에는 결정적인

'이것'이 필수입니다. 이것은 바로 우리 아이들의 뇌 속에서 만들어지는 '영어 전용 회로'라는 것입니다.

영어 전용 회로는 한마디로 '영어에 대한 감'입니다. 특정 언어가 모국어가 되면 이 언어에 대한 감이 반드시 생기게 되어 있습니다. 그렇기에 한국어를 모국어로 쓰는 우리에겐 '한국어에 대한 감'이 있습니다.

이 감이 왜 그렇게 중요하냐고요? 전문적이지 않고 두루뭉술한 것 같은 이 '감'이란 것이 사실은 한 사람이 특정 언어를 온전히 구사하는 데 있어서 필요한 모든 언어 기능, 즉 4대 영역인

☐ 원어민 발음과 속도를 이해

☐ (직전 인풋 없이) 상황에 맞는 표현하기, 질문에 대해 대답하기

☐ 독립적인 영어 읽기 (문자를 해독하고 의미를 독해하는)

☐ 생각을 표현하는 글쓰기, 문법 통제

이 모든 것을 담당하고 있습니다. 참 탐나는 기능이 아닐 수 없죠? 그런데 이 대단한 기능을, 영어를 모국어로 쓰지 않는 한

국인 부모가 아이의 머릿속에 뿌리내리게 해 줄 수 있냐고요?

네, 맞습니다! 한국에서는 사실 부모밖에 해 줄 사람이 없습니다. 이 영어 전용 회로 만들기의 결정적인 성공과 실패가 일상에서 영어 소리가 아이에게 얼마나 유입이 유지되는지에 달려 있기 때문입니다.

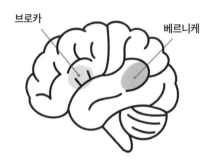

뇌 그림을 하나 보여드릴게요! 우리 뇌의 수많은 기능 중 언어를 담당하는 중추를 표시했습니다. 파란색으로 표시된 '베르니케(Wernicke)'는 언어를 이해하고 수용하는 역할, 노란색으로 표시된 '브로카(Broca)'는 언어를 표현하는 역할을 담당합니다. 그런데 이 기능들이 각각 '따로국밥'으로 일하는 것이 아니라 유기적으로 상호작용을 하면서 활성화되고 제 역할을 하게 만들어져 있어요.

그런데 이 중추를 깨우고 성장시키는 것이 바로 '소리'입니다. 그냥 소리가 아니라 아이에게 의미가 있는 소리요. 모국어든 두 번째 언어든 만 13세 이전에는 같게 적용되는 부분입니다.

한국에서 태어났고 한국어를 모국어로 사용하는 부모를 둔 아기를 예로 들어볼게요. 아이는 처음 태어나 가장 먼저 엄마 목소리를 듣게 됩니다. '아가야', '사랑해', '찌찌 먹자' 같은 소리요.

이 소리가 아이의 귀로 들어가 의미 있는 '인풋(input)'으로 인식되면 베르니케가 띠링띠링, 활성화됩니다. 그러면 베르니케는 그 자극을 브로카한테 쏩니다. '말해봐, 표현해 봐' 하면서요!

하지만 브로카가 신호를 받자마자 바로 말로 표현할 수 있을까요? 한두 번 받은 신호로요? 아닙니다. 적어도 2~3년의 꾸준한 신호를 받아야 비로소 "나도 사랑해 엄마" "나 사과 싫고 복숭아 먹을래" 하는 식의 표현을 내뱉을 수 있죠. 우리 아이들이 태어나서 가족과 원활하게 의사소통하게 되기까지 걸리는 그 기간입니다.

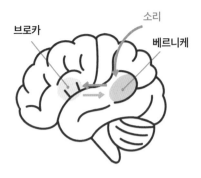

브로카   소리   베르니케

이렇게 브로카가 제 기능을 하게 되었다는 것, 말로 표현할 수 있게 되었다는 것은 두 기능 사이에 무언가가 생겼다는 것의 방증인데요! 바로 우리가 그토록 탐내는 '전용 회로'가 둘 사이에 고속도로처럼 뚫렸다는 것을 의미합니다. 더는 베르니케가 일방적으로 브로카에게 신호를 보내는 것이 아니라 두 기능이 서로 신호를 주고받고 유기적으로 성장하면서 언어를 모국어처럼 온전히 쓸 수 있도록 하는 것이죠.

우리 눈에 보이지 않는, 아이 뇌 안쪽에서 일어나는 놀라운 일이 어떻게 시작되었는지 앞에서 말씀드렸는데 기억하시나요? 바로 엄마가 아이를 따스하게 불렀던 그 일상에서의 '소리'였습니다.

한국에서는 영어를 모국어로 쓰지 않기 때문에 일상에서의 대화로 그 부분을 채워주기는 불가능합니다. 하지만 모든 언어가 아이의 뇌에서 자리 잡는 데 시발점이 되는 엄마, 그리고 아빠가 영어 소리를 충분히 공급해 줌으로써 아이의 머릿속에 전용 회로를 만들게 하는 방법이 분명히 있습니다! 이 전용 회로를 내 아이에게 꼭 선물해 주고 싶으신 분들을 위해 그 방법을 실전편에서 세부적으로 공유합니다.

모국어와의 균형:
일상에 녹아드는 영어 환경

초등학교 이전의 영어 교육은 아이의 정서 발달, 정상적인 모국어 발달에 부정적인 영향을 줄 수 있다는 이야기를 들어보신 적 있나요? 일리 있는 의견입니다. 영어 노출이 아이의 발달, 정서와 무관하게 진행될 때, 일상과 동떨어진 '특별한 것'이 될 때 이런 불상사가 일어날 확률이 높습니다.

제가 지향하고 실행하고 있는 집안 영어 환경, 또 많은 분이 공감해 주시고 지지해 주시는 영어 환경은 한국에서 아이를 행복하고 건강하게 키우는 일상에 녹아든 환경이지, 단순히 영어 실력을 키우기만을 위한 환경이 아닙니다. 무엇보다 한국에서 자라는 아이에게 영어보다 우선되는 것은 어린이집이나 유치원에서 선생님, 친구들과 원만하게 지낼 수 있는 모국어 의사소통 능력, 아이의 나이에 맞는 정서와 문해력을 키우는 데 핵심적인 모국어책 읽기입니다.

그런데 모국어 발달이 원활히 되도록 하면서도 자연스러운 영어 환경을 만들어 주는 일, 가능할까요? 모국어와 영어의 효과적인 비중은 아이의 나이와 발달, 집마다 상황에 따라 다르고, 한 가지 정답이 있는 게 아니지만 현실적인 균형을 이루는 방법을 소개해 드립니다.

<한국 일상에서 유지하는 언어노출 MIX>

일상대화
한국어

책
한글책>영어책(읽기독립전)
한글책<영어책(읽기독립후)

노래
영어

음원/영상
영어

일상 대화는 한국어로

먼저 일상 대화입니다. 공부해서 쓰는 영어 일상 대화, 얼마나 유지될 수 있을까요? 뱃속에서부터 엄마와 한국말로 강한 유대를 맺었던 아이는 엄마가 유창하게 영어를 할 수 있더라도 영어로 하는 일상 대화를 거부할 확률이 높습니다. 일상 대화는 가장 편하고 자연스러워서 아이와 부모의 일상에 무리가 되지 않는 언어로 설정합니다. 루틴으로 정한 상황에 맞는 한두 문장의 표현(루틴송), 아이가 먼저 영어로 말을 걸어왔을 때 반응해 주는 것 이외엔 모두 한국어로 진행합니다.

영상, 음원은 영어로

일상 대화를 영어로 해줄 수 없는 상황에서 영상과 노래를 통한 영어 소리 노출량 확보는 아이의 영어 성장에 있어 주된 양분이 되어줍니다.

사실 아이의 일과 중 하원 후 수면, 식사, 운동과 같은 필수적 활동을 제외하면 남는 시간이 그리 많지 않습니다. 얼마 되지 않는 여유 시간을 한국말 영상과 노래에 할당하기란 아쉬운 일이죠. 일상에서의 대화나 집 밖에서의 활동으로 한국어는 충분히 유입되기 때문에 집 안에서까지 한국어가 보충될 필요는 없습니다.

따라서 이 시간에는 모국어로 진행되는 TV 프로그램이나 영상이나 노래 대신 영어 영상을 시청하거나 영어 노래를 듣는 것이 낫습니다. 단, 교육적인 가치가 높은 모국어 콘텐츠는 비정기적으로 한두 편 시청하는 것은 권하는 편입니다.

책은 한국어로 (영어 읽기 독립 전까지)

한국어 책은 집 안과 밖을 구분할 수 없는 각별한 이유가 있습니다. 바로 문해력과 직결되기 때문인데요. 문해력이 한 사람을 사회 구성원으로서 제 역할을 하게 하는, 장기적으로 갖춰야 하는 총체적인 능력(홍현주 박사)으로 가정한다면 영어 문해력은 기껏해야 한국어 문해력의 꽁무니를 좇는 정도라고 할 수 있습니다. 그러므로 한국어 문해력과 영어 문해력을 모두 다 갖추려면 가장 근간이 되는 한국어, 책 읽기의 중요성을 아무리 강조해도 지나치지 않습니다.

따라서 아이가 영어 읽기 독립*이 된 이후 영어책을 본인의 흥미를 존중하며 적극적으로 읽어나가는 시기가 되기 전까지는 아이와 깊이 소통하는 영어책 한 권을 선택해 읽고 나머지 시간은 한글책 읽기로 채우는 것을 기본으로 합니다.

생각보다 어렵지 않게 적용할 수 있는 방법이죠? 이렇게 모국어와 영어의 균형을 잘 잡아놓으면 나이 수준에 맞지 않는 학습으로 아이를 몰아붙였다가 아이가 거부 반응을 보이고 그 문제를 해결하는 데 시간을 쏟는 상황을 피할 수 있습니다. 두 언어 사이에서 혼돈을 겪거나 언어 습득 속도가 지연되어 부모가 불안하거나 속을 끓이며 진행해야 하는 영어 교육도 아닙니다.

무엇보다 아이의 정서가 편안하고 긍정적인 상태에서 지속되는 영어 노출이기에 아이 안에 자연스럽게 쌓여서 몇 배의 열매로 돌아오는, 힘 있는 영어 환경이 됩니다.

*읽기 독립 : 아이가 스스로 책 읽을 수 있게 되는 것. 이는 단순히 글자를 소리 내어 읽는 것(디코딩, decoding)이 아닌, 텍스트의 문맥, 문장 구조, 어휘, 그리고 주제를 파악하여 글쓴이의 의도를 이해하고 비판적으로 생각하는 과정(독해)까지 포함합니다.

일상 안에서의 균형:
부모가 다 하는 영어가 아닙니다!

전문가들의 중론에 따르면 아이에게 1천 시간의 영어 인풋이 채워지면 비로소 영어로 간단한 정도의 의사소통을 할 수 있는 아웃풋이 나온다고 합니다. 이것을 기준으로 3년이라는 기간을 잡고 계산해 보면 하루에 한 시간이 필요하다는 계산이 나옵니다. 그러니까 적어도 하루 한 시간 이상, 적어도 2~3년은 부모가 집에서 영어 환경을 만들어줘야 아이가 영어로 의사소통을 할 수 있다는 이야기인데요.

그런데 매일 하루 한 시간 이상이라는 '듣기 할당량'을 부모가 읽어주는 그림책으로 채울 수 있을까요? 부모의 모국어는 한국어인데 영어로 주고받는 일상 대화로 아이의 영어 발화를 끌어낼 수 있을까요? 거의 불가능에 가깝습니다.

이건 절대 부모가 게으르다거나 부족해서 안 되는 게 아니에요. 영어 전문가의 할아버지라고 해도 한국에서, 한국어를 모국어로 하는 일상에서는 성공할 수 없는 방법입니다. 백 번 양보해서 자세를 고쳐 잡고 딱 한두 주 만 해 보라고 하면 마늘을 먹고 쑥을 먹듯이 일상을 희생하며 해볼 수는 있겠지요. 하지만 그건 고행, 그 이상도 이하도 아닐 겁니다. '희생'을 동반해 가면서 2~3년의 세월을 유지할 수는 없습니다. 부모가 일상 영어 환경을 만들어 주는 일은 무조건 실행 가능하고 지속 가능한 일상의 일부, '만만한' 방법이어야 합니다.

부모와의 소통을 강조하는 유로네 영어이지만 필요한 영어 듣기량의 대부분을 부모의 목소리로 채우라는 잔인한 요구는 하지 않습니다. 부모가 힘을 크게 들이지 않고 영어 소리가 효율적으로 흘러나오는 환경에서 아이에게만 오롯이 힘을 쏟는 하루 10분, 일상의 대화를 노래로 불러주고 영어 그림책 한 권으로 깊이 소통하는 10분을 말씀드립니다.

고작 10분이 무슨 효과가 있을까 의아해하실 수 있지만 매일 차곡차곡 쌓이는, 아이와의 깊은 소통이 있는 시간은 물리적인 10분에 그치지 않고 특별한 가치를 창출하는 시간이 됩니다.

9:1(소리 : 소통) 원칙

내가 부담스럽고 자신 없는 것은 맡기고, 나만 할 수 있는 것에 집중하는 구조입니다. 영어를 모국어로 쓰지 않는 우리에게 '원어민 발음'과 '살아있는 표현'이라는 말이 주는 중압감은 얼마나 큰가요? 그러나 사실 그걸 우리가 떠안을 필요가 전혀 없고 그것은 지속 가능한 방법도 아닙니다.

요즘 우리는 집 안에서 영어 환경을 만들어 주기에 참 좋은 시대에 살고 있습니다. 원어민 발음인지 아닌지 의심할 필요 없는, 현지 학교에서도 활용하는 훌륭한 무료 콘텐츠들을 한 번의 클릭으로, 장소에 구애받지 않고 활용할 수 있으니 말이에요. 바로 이 콘텐츠에 영어 인풋의 90%, 즉 좋은 질의 인풋을 맡겨야 합니다!

단, 영상은 보수적으로 건전한 시청 습관을 잡아나가며 노출해야 하니 허용되는 시간에 제한을 두고 나머지 시간은 사이사이 음원(노래, 리드 얼라우드)으로 채워 넣을 수 있습니다.(구체적인 방법은 7장 '노출 도구별 환경 만들기'를 참고해주세요)

이 90%의 시간 동안에는 부모가 힘을 빼지 않습니다. 아이의 취향에 맞는 영상 찾아주기, 아이가 더 듣고 싶어 하는 노래 틀어주기 정도의 역할을 하면 됩니다. 성인의 학습 방식을 기준으로 영상에서 필요한 부분을 구간 반복해서 외우기, 단어 뜻 찾아가며 해석하기 등의 방법으로 아이의 자율적인 습득을 방해하고 부모의 진을 빼는 일을 해서는 안 됩니다.

여기에서 힘을 빼지 않고 축적된 에너지를 쓸 곳은 따로 있습니다. 바로 아이와의 소통, 영어와의 연결 고리를 만들어 주는 부분입니다.(이 또한 7장에 세부 방법을 실었습니다)

정서적
균형

유독 빠르고 과열되어 있는 한국의 영어 교육, 그리고 유난히 영어에 대한 잣대가 엄격하고 가차 없는 한국에서는 엄마도 아이도 '영어' 스트레스를 엄청나게 받는데요.

애초에 한국에서 이 걸림돌을 넘을 수 있다는 생각은 하지 않죠. 그러니 영어유치원이나 국제학교도 아닌 일상에서 자연스러운 소통이 가능한 영어, 모국어 방식의 영어가 아이에게 뿌리내리도록 할 수 있다면 감지덕지라고 생각합니다. 다른 것은 조금 양보하고 희생해도 된다는 인식이 무의식적으로 차오를 수 있고요.

그래서 아이가 조금 늦게 자더라도 영어 영상을 봐야 하기에 눈감아 주고, 식사 시간을 내주기도 합니다. 조금 자극적이거나 부적절한 내용이 있는 영상이라도 '영어니까 괜찮겠지' 하고 타협하기도 합니다. 무엇보다 아이가 싫어하거나 힘들어하는 게 분명히 보여도 앞으로의 영어 여정을 쉽게 헤쳐 나가기 위한 길이라며 아이에게 조금 더 참아내고 견딜 것을 요구합니다.

하지만 우리 아이들의 행복한 정서, 건강한 성장을 내줄 만큼 영어가 가치 있지 않습니다. 아이를 위한 우선순위에서 영어보다 몇 단계 더 상위 항목을 차지하는 것, 아니 가장 상위에 있는 것은 뭐니 뭐니 해도 아이들의 건강과 행복이니까요. 그래서 우리는 영어를 이유로 절대 타협하면 안 됩니다!

대신, 꼼꼼하게 따져 고른 콘텐츠로 아이가 마음껏 뛰어 놀수 있는 안전한 울타리를 만들어줘야 하고, 콘텐츠를 보는 안목을 길러 아이가 좋은 콘텐츠를 건강하게 사용하는 습관을 만들어줘야 합니다. 오롯이 아이에게 집중하는 시간을 확보해 아이가 부모와 소통할 수 있도록 하고, 아이의 반응을 중심으로 맞춤형 환경을 만들어줘야 합니다.

이를 위해서는 아이에 대한 애정 어린 관찰이 필수적으로 선행되어야 하는데요. 이때 영어 학습의 대표적 이정표인 발화*와 읽기 독립만 바라보고 가면 쉽게 지칩니다. 영어 발화와 읽기 독립이 되는 데는 적어도 2~3년은 걸리기 때문이죠. 하지만 이 시기에 거창한 목표나 성과 외에도 우리 아이들이 분명히 보여주는, 밖으로 나타날 수밖에 없는 '신호'가 있습니다.

밝은 표정, 몰입하는 눈빛, 읽고 싶은 영어책을 골라 오는 것이나 영어 노래 틀기 등, 자발적으로 영어를 찾는 모습, 완벽한 소리가 아니더라도 들리는 대로 따라 해 보고 내뱉어보는 모습, 짧은 단어 및 동작으로 보이는 표현들이 모두 청신호에 해당합니다.

부모가 이끄는 영어 교육이 아이와 부모에게 정서적으로 편안한 여정, 열매 맺는 여정으로 이어지려면 이 청신호를 따라가야 합니다. 부모가 만들어 주는 영어 환경에 아이가 반짝반짝 반응하고, 부모는 그 반응에 힘을 얻어 지속해서 영어 환경을 만들어 줄 수 있는 동기를 얻는 것, 이것이 부모와 아이 모두 행복하게 영어를 하고 영어 열매를 보는 방법이 됩니다.

* 발화: 발화는 아이가 영어를 말로 표현할 수 있게 되는 상태를 말하는데요. 쉽게 직전 인풋 없이, 즉 직전에 주위 사람들이 한 말을 따라 하는 것이 아니라 본인이 독자적으로 1) 상황에 맞는 표현을 했을 때 2) 질문에 대한 답을 할 수 있을 때로 정의합니다. 1), 2)에 해당하는 반응을 보였더라도 문장이 아닌 몇 개 단어 조합은 발화라고 생각하지 않는 경우가 많은데 이는 다 발화에 포함됩니다. 그리고 우리가 상황에 맞는 노래로 불러주는 루틴 송도 직전 인풋 없이 아이가 상황에 맞게 스스로 노래를 부른다면 노래로 하는 발화, 발화의 큰 범주에 들어갑니다.

두 번째 언어, 언제 노출을 시작하는 것이 좋을까요?

한국에서 영어 노출을 집에서 해줘야겠다고 생각하시는 분들의 공통적인 고민이라 생각해요. 한 가지 정답도, 정확한 연구 결과도 없기 때문이죠. 이때 참고할 수 있는 요소를 정리해 보았어요.

❶ 부모의 언어 가치관

그 어떤 저명한 기관의 연구 결과보다 앞서야 하는 건 부모의 언어 가치관에 따른 중심 잡기라고 생각해요. 아이의 언어에 가장 큰 영향을 미치는 주체는 다른 사람이 아닌 부모이고, 아이가 미래를 위한 기본기를 갖추는 데 가장 큰 영향력을 발휘하는 사람도 바로 부모잖아요. 물론 주위의 다양한 사례, 연구 결과를 참고하겠지만 내 언어 가치관에 반한, '카더라'에 의존한 실행은 아이의 언어 로드맵을 불안정하게 하고 일관성 없게 하는 주범이 될 수 있죠.

'나는 우리 아이가 한국에 살지만 모국어가 조금 더 늦고 서툴더라도 영어를 아무 거부 반응 없이 흡수하고 당연한 언어로 여기는 것이 더 중요하다.'

'영어는 조금 더 천천히 가더라도 모국어 발달에 지연이 없는 것이 중요하므로 영어 시작점이 모국어를 앞서지 않는다'

가치관이 집마다 다를 수 있어요. 유로네는 후자의 가치관을 따르고 있습니다. 그래서 둘째인 로하가 자기감정을 모국어로 자유롭게 표현하기 시작한 이후에 영어 노출을 시작했습니다. 여기에서 강조하고 싶은 것은 아이 인생에 중대한 영향을 미칠 수 있는 영어 노출, 영어 환경 만드는 방식을 결정하는 주체는 영어 전문가도 아니고 학원 선생님도 아닌 부모가 되어야 한다는 것입니다.

❷ 절대 노출량

'이중 언어에 동시 노출되었을 때 언어 발달에 지연이 온다' vs. '그렇지 않다, 미치는 영향은 미미하다!'

의견이 분분합니다. 제가 말씀드리고 싶은 것은 지연이 온다, 오지 않는다고 하는 것으로 선을 긋기 보다는 아이에게 노출되는 각 언어의 절대량을 보았으면 하는 것입니다.

단순히 생각해 보아도 한정된 시간 안에 특정 언어에 노출되는 시간이 한 언어에 온전히 집중되는 경우와 비교했을 때 두 언어에 분산되기 때문에 한 언어에 할당되는 절대적인 노출량은 당연히 줄어듭니다. 그렇기 때문에 절대 노출량이 채워져야 언어 성장이 촉진되는 기회, 그 자체는 줄어들 수 있다는 것이죠. 또한 한국어와 영어는 같은 언어 뿌리를 가진 영어/프랑스어/이탈리아어와 달리 언어 간의 유사성이 높지 않아요. 이 점을 생각해야 할 겁니다.

유로네는 이런 판단 하에 태어나서부터 한국어 의사소통이 가능해진 약 18개월까진 한국어 노출에 시간과 역량을 대부분 할애했습니다.

❸ 사회가 아이에게 요구하는 언어 습득 시기

여기에 한 가지 더해야 하는 것은 사회가 아이들에게 특정 언어를 요구하는 시기입니다. 이 책을 읽으시는 엄마 대부분이 한국의 교육 과정을 순조롭게 따르며 소통하는 영어를 장착시켜 주는 것을 목표로 하고 있으시죠? 이 때문에 우리 아이들이 어린이집이나 유치원과 같은 첫 기관, 첫 사회를 만났을 때 요구되는 최소한의 언어 수준이 무엇인지도 파악해야 합니다.

기관에 처음 가게 되는 평균 연령을 만 3세로 잡았을 때 아이가 영어 소통이 원활하지 않다고 해서 친구를 사귀거나 선생님과 소통하는 데 어려움을 겪을까요? 그렇지 않죠! 하지만 기본적인 자기 의사나 생각을 한국말로 표현할 수 없게 되면 나름의 사회생활에서 적지 않은 어려움을 겪게 될 거예요. 또한 아이가 초등학교 입학 시 한글 읽기 독립이 되어 있지 않은 상태라면 학교 수업을 따라가는 데 불편함이 있을 수 있죠. 하지만 영어 읽기 독립이 요구되는 시기는 이보다 2~3년 늦게 찾아옵니다.

이런 부분도 장기적인 계획 중 한 요소로 고려하는 것, 아이의 정서 사회성 발달에 가장 적합한 순서, 엄마의 걱정과 스트레스가 가장 적은 부분으로 언어 노출 순서를 고려하는 것이 영어 노출의 안정성과 일관성을 높여준다고 생각합니다.

4장

'영알못' 엄마, 아빠도
할 수 있습니다

SWITCH

저는 발음이 좋은
부모가 아니라서

　부모의 발음을 이야기하기에 앞서 수년 전 EBS에서 진행한 '발음 실험' 이야기를 공유하고 싶습니다. 누군지 모르는 불특정인의 연설 내용을 들려주고 한국인 그룹과 외국인(원어민) 그룹이 연설자의 영어를 평가하는 내용이었습니다.

　같은 연설을 듣고 평가한 결과, 한국인은 '발음이 촌스럽다' 'TV에 나올 정도의 발음은 아니다', '총 40~50점을 주겠다'라고 평가했고 외국인(원어민)은 '높은 수준의 단어를 사용했다',

'의사를 잘 전달했다', '90점 후반의 점수를 주겠다'라고 답했습니다.

이 연설의 주인공은 바로 한국인 최초 UN 사무총장인 반기문 총장이었습니다. 왜 이렇게 상반된 평가가 내려졌을까요?

이유를 분석하기 위해 발음을 크게 두 가지로 분류해 보겠습니다.

① 의사소통에 필수적인 요소

　영어의 고유 소리 (음절, 강세, 리듬 등)

② 의사소통에 큰 영향을 미치지 않는 요소

　지역별 악센트 등

앞의 두 가지 분류 중 한국인은 2번까지 완벽해야 발음이 좋다고 평가하지만, 원어민은 의사소통에 문제없고 구사하는 어휘와 콘텐츠가 좋으면 수준 높은 영어를 쓴다고 평가하기 때문입니다. 한국인은 유독 '남에게 제일 먼저 보이는' 부분인 발음을 평가의 잣대로 삼고 자기 자신 또한 그 기준에 못 미치면 위축되는 경향이 큽니다. 하지만 이는 한국인들 사이에서만 내려지는 '가혹한' 평가입니다.

우리가 아이의 영어에서 주안점을 둬야 할 부분은 지역적 특색까지 반영한 '완벽한 발음'이 아니라 언어의 본질인 '의사소통'을 행복하게 경험하도록 해 주는 것, 아이가 좋아하는 것을 중심으로 콘텐츠를 깊이 있게 확장해 주는 것으로 생각합니다. 발음이 완벽하지 않다고 반기문 총장이 도전하지 않았다면 한국인 최초의 UN 사무총장은 역사에 없었겠죠?

앞서 잠시 말씀드렸지만 저는 영국에서 초등학교를, 미국에서 중학교를 다녔습니다. 그래서인지 제 영어 발음은 완전히 영국식도 아니고 미국식도 아닙니다. 영국인을 만나면 왜 미국식 발음을 하느냐는 질문을 받고 미국인을 만나면 어디에서 영국식 발음을 습득했느냐는 질문을 받습니다.

영국에서는 반은 옥스퍼드에서, 반은 더럼이란 소도시에서 살았는데 옥스퍼드 사람들의 말에는 콧대 높은 'snobby' 한 악센트가 있고 더럼은 스코틀랜드와 가까워서 인지 그곳의 억양에는 강하고 억센, 알아듣기 힘든 악센트가 있었습니다. 그래서 더럼으로 갓 이사했을 때는 '꼼위어(come here)'라는 말이 너무도 낯설었던 기억이 납니다. 시간이 지난 후에는 그 알아듣지 못할 강한 악센트를 제가 쓰고 있었지만 말이에요.

발음과 억양은 한 사람이 어느 나라, 어느 지역에 살았는지를 잘 반영하고 자기 경험과 추억을 잘 담아주는 저장소 역할을 합니다. 그래서 해외에서 만난 많은 외국인이 특유의 악센트를 부끄러워하지 않고 당당하게 구사하는 모습을 볼 수 있습니다. 사용하는 영어 표현과 문법이 정확하다면 원어민 역시 이를 잘 받아들이고 무시하지 않습니다. 오히려 그 악센트가 어디에서 온 건지, 어떤 스토리를 가졌는지 궁금해 하며 대화를 이어 나가죠.

만약 웨일스에서 한 번도 살아본 적 없는 제가, 해외에 나가서 원어민을 만났을 때 완벽한 웨일스식 영어를 한다면 그건 오히려 앞뒤가 안 맞는 부자연스러운 이야기가 될 것입니다. 즉 한국 사람이고 한국에서 시간 대부분을 살아왔기 때문에 어떤 식으로도 한국의 느낌이 배어 있어야 고개가 끄덕여지는 자연스러운 이야기가 되는 것이죠.

많은 엄마를 만나 이야기를 나누다 보면 자신이 영어를 못해서 아이에게 걸맞은 영어 환경을 만들어 줄 수 없다고, 특히 '발음이 좋지 않기 때문'이라는 말씀을 공통으로 하세요. 하지만 우리에게 한국식 악센트가 있는 건 전혀 부끄러운 일이 아닙니다. 거의 모든 시간 한국에서 살아왔으니 당연한 일입니다. 쉽게 교정하기 힘든 억양이나 발음 때문에 부모가 위축되거나 영어를 포기하는 것은 아이들의 영어 자신감에 전혀 도움이 되지 않습니다. 아이를 위해 영어 환경을 조성해 나가는 과정에서 부모로서 할 수 있는 부분에 집중하며 지속해 나가는 것이 아이들의 영어 자존감을 높여주지 않을까요?

영어 환경 만들기 전 체크리스트

[　] 영어를 잘하지 못해 영어 환경 조성에 엄두가 안 난다.
[　] 내 영어 발음이 좋지 않아서 아이가 내 발음을 따라 할까 겁난다.
[　] 부지런하지 않은 내가 영어 환경을 유지할 수 있을지 걱정이다.
[　] 내가 교육하면 아이가 거부 반응을 보이진 않을지 걱정이다.
[　] 영어유치원에 보내지 않고 집안 영어 환경으로 충분할지 의문이다.
[　] 결국 한국식 내신 입시 영어로 귀결될 텐데 시간 낭비가 아닐지 의문이다.

부모의 발음은 아이에게 얼마나 영향을 미칠까요?

아이는 가장 많이 노출된 발음에 영향을 받습니다. 하루 동안 아이에게 노출되는 영어 소리의 비율을 생각해 보면 영상이나 음원, 즉 '부모의 발음을 안 거치는 소리' '부모의 발음을 거치는 소리'의 비율이 대략 9:1 정도 됩니다. 어느 집에서나 똑같이 적용되는 비율은 아니겠지만 대부분은 음원이나 영상을 통한 소리 노출이 훨씬 많을 거예요. 이 점을 고려하면 부모 발음이 아이에게 미치는 영향에 대해서는 덜 걱정하셔도 될 거예요. 다시 말씀드리지만, 부모는 발음 담당이 아니에요! 발음은 영어 영상과 노래, 책, 음원으로 얼마든지 원어민 발음을 노출해 줄 수 있습니다. 하지만 영상과 음원이 해 주지 못하는 의사소통의 경험, 좋아하는 것을 캐치하고 확장해 주는 일이 부모의 역할임을 잊지 않으셨으면 합니다.

저는 영어를 잘하는
부모가 아니라서

부모가 '선생님'이 되는 영어 교육이 아니라 '코치'가 되는 영어 교육이라 가능합니다. 흔히 부모가 아이를 위해 영어 환경을 만들어 준다고 하면 모든 것이 부모의 책임이라고 생각하는데, 그게 사실이라면 한국에서 완벽히 영어 환경을 만들어 줄 수 있는 사람은 전체 인구의 0.00001%도 안 될 것입니다.

다행히도 우리는 지금 영어 환경을 만들기에 좋은 시대에 살고 있어요. 불과 10년 전만 해도 현지 아이들이 보는 다양한 콘텐츠, 스토리가 흥미진진하고 양질의 표현이 담겨 있는 데다 전달력까지 좋은 콘텐츠는 잘 알려지지 않았고 이렇게 쉽게 볼 수 없었잖아요.

영상과 책뿐만이 아니에요. 기술도 얼마나 발전해 있나요? "〈코코 멜론〉 틀어줘" 한마디에 스마트 스피커가 플레이리스트를 재생해 주고 부모가 읽어주기 부담스러운 영어책을 정확한 발음과 좋은 목소리로 대신 읽어주는 음원도 손쉽게 활용할 수 있죠.

이런 상황에서 부모가 아이의 인풋을 모두 책임지는 것은 고단하고 비효율적인 방법입니다. 우리가 해야 할 일은 이 좋은 콘텐츠와 기술을 나와 내 아이의 상황에 맞도록 보기 좋고 듣기 좋게 집 안에 들여놓아 효과적인 영어 노출 환경을 만들어주는 거라 생각해요.

하지만 이렇게 좋은 콘텐츠와 기술도 할 수 없는 일이 있습니다. 그게 무엇일까요?

아이가 영어로 접한 것을 재미있어하고 키득키득할 때, 새로 알게 된 영어 단어나 표현으로 성취감을 느낄 때, 그리고 아이 안에 쌓여 있던 영어가 그들만의 표현으로 튀어나올 때, 함께 재미있어해 주고 놀라워해 주고 눈을 빛내며 칭찬해 줄 수 있는 영상이나 기술이 있을까요? 그 부분에서 부모의 역할이 분명해진다고 생각합니다.

영상이나 음원은 내 아이 머릿속에 영어 표현을 효과적으로 쌓을 순 있지만 그렇게 쌓인 영어가 나만의 생각과 마음을 편안하게 전달할 수 있는, 나와 다른 누군가의 표현을 건강하게 받아들일 수 있는, 소통하는 영어로 이어지기에는 역부족입니다. 이 소통 영어의 기반이 되는 정서적 교감과 소통은 전문성이나 기술을 가진 그 어떤 전문가보다 아이와 가장 가까이에 있는 부모야말로 제일 잘할 수 있습니다. 그러니 자신 없고 부담스러운 부분은 콘텐츠와 기술의 도움을 받고 부모인 내가 잘할 수 있는, 아이 반응을 살피고 아이와의 소통에 집중하는 기지를 함께 발휘했으면 합니다.

결국 영어유치원만이
대안 아닌가요?

영어유치원은 아이가 언어 습득의 결정적 시기에 해외 유학을 한 것 같은 환경이 조성된다고 하니 참 매력적인 선택지가 아닐 수 없습니다. 하지만 영어유치원이라는 선택이 성공하기 위해서는 반드시 충족되어야 하는 기준이 있습니다.

유로네 첫째가 저와 남편이 만든 영어 환경 속에서 영어 발화가 되고 난 후, 영어에 대한 자신감과 호기심이 무서운 속도로 붙을 때쯤 선생님, 친구들과 영어로 소통하고 싶다는 강한 의사를 밝혔고, 이런 반응이 싫지만은 않았던 저는 호기심 반 욕망 반으로 1년이 조금 못 되는 기간 동안 참 파란만장한 영어 유치원 체험담을 쌓게 됐습니다. 이 이야기를 사례로 넣어 설명해 볼까 합니다.

먼저 영어유치원은 교육부에서 인정하는 정규 유치원 기관이 아닙니다. 달리 말하면 이는 따라야 하는 연령별 과정(누리과정 등), 교사 선발 자격이나 지켜야 하는 기본 시설 규정이 없다는 것이죠. 결국 부모가 두 눈 뜨고 따져보지 않으면 '유치원'이 아닌 '어학원' 성격의 기관에 아이를 보내게 되는 결과를 낳기 때문에 아래 기준을 참고해서 꼼꼼히 따져보는 과정이 필수적입니다.

기준 ① 유치원의 안정성 시설 및 환경

가장 먼저 점검해야 하는 것은 '우리 아이가 하루에 적어도 여섯 시간을 보내게 될 환경이 아이에게 친절하게 마련되어 있는가?'입니다. 안팎으로 건강하게 성장할 기회를 얻어야 할 이 시기의 아이들에게 교육 환경은 선생님, 커리큘럼만큼이나 중요한 성장 요인이 될 겁니다. 환기와 채광은 좋은지, 기본적인 체육실과 조리실은 갖춰져 있는지, 그리고 안전을 위한 소방시설, 배수시설도 점검 사항이 됩니다. 이런 건 당연한 거 아니겠어? 하며 그냥 지나칠 수 있지만 영어유치원은 교육부에서 지정하는 최소한의 규정을 지키지 않아도 되기 때문에 이 부분을 오히려 더 꼼꼼히 보셔야 합니다.

제가 첫째의 두 번째 영어유치원으로 선택했던 곳은 창문 하나 없는 비좁은 교실, 가볍게 뛰어 놀기도 어려울 만큼 좁은 도서관에서 체육 활동을 해야 하는 열악한 환경이었습니다. 그걸 알면서도 그때 아이의 수준에 맞는 영어유치원으로 그곳 외에는 다른 대안을 찾지 못해 눈을 감았었는데요. 그때의 선택을 떠올리면 지금까지 마음이 아픕니다.

반면 마지막으로 결정한 유치원은 탁 트인 창문에 교실 구석구석까지 들어오는 햇빛, 널찍한 체육관이 별도로 갖춰져 있었고 위생적인 조리실에서 재료를 아끼지 않고 식사를 만들어 제공해 주는 곳이었습니다. 교실은 선생님과 아이들이 함께 꾸미고 만들어 나가는 곳이었고, '초등학교'식 책상이 아닌, 모두가 둘러앉아 눈을 마주치며 편하게 이야기할 수 있는 둥글고 넉넉한 크기의 책상이 비치되어 있었어요.

어떤 환경에서 아이가 행복감을 느끼고 아이의 정서가 발달할 수 있었을까요? 영어 실력이 무럭무럭 성장할 수 있었을까요?

기준 ② 모국어 습득 방식 기반 + 연령별 이해

영어유치원이라고 해서 모두 현지 유치원식의 모국어 습득 방식을 기반으로 하는 것은 아닙니다. 우리는 영어를 원어로 쓰지 않는 환경(EFL)이기에 현지 유치원과 같은 커리큘럼을 적용하기에는 무리가 있습니다. 하지만 영어유치원의 명성을 높이기 위해서는 학부모가 들인 비용보다 많은 것을 눈으로 보여줘야 하므로 아이 본연의 언어 습득 방식을 벗어나는 커리큘럼이 시행되고 있는 경우가 허다한데, 이는 반드시 지양되어야 합니다.

어떤 커리큘럼이 순리를 따르지 않는 것인지 판단할 수 있는 가장 간단한 기준은 우리의 모국어인 한국어를 생각하면 됩니다. 한글을 가르칠 때도 아직 말귀가 터지지 않은 아이에게 '책 읽기'를 연습시키지 않고, 본인의 의사를 말로 표현할 수 없는 아이에게 쓰기로 한글 공부를 시작하지 않죠.

저희 첫째가 다녔던 두 번째 유치원에서 있었던 일이에요. 그곳은 소위 '학습식' 영어유치원으로 알려져 있던 곳이었는데요. 이곳에 다닌 지 3년째 되는 아이들은 주말에 있었던 일을 일기로 쓸 수는 있었지만 원어민 선생님과 안부를 묻는 등의 아주 간단한 대화는 나누지 못했고, 이에 대한 불만이 학부모 간담회 때 터져 나왔어요. 이에 부원장 선생님은 "7세 3년 차 1학기 때는 아직 발화되는 시기가 아닙니다"라는 대답으로 대응했죠. 수긍이 되는 이야기는 아니죠?

왜 이런 문제가 생기느냐. 어떤 커리큘럼을 기반으로 하고 있느냐의 차이 때문입니다.

사실 놀이식이냐 학습식이냐 하는 분류보다는 모국어 습득 방식에 더해 연령별 이해를 기반으로 하는 커리큘럼이 갖춰져 있는지 확인하는 것이 중요합니다. 한국의 일반 유치원의 경우에는 만 3세에서 5세까지 따라야 하는 큰 틀의 커리큘럼인, '누리과정'이 있습니다. 하지만 영어유치원은 따라야 하는 연령별 커리큘럼이 없으므로 영어 노출 기간과 수준만 반영하는 '어학원'식 커리큘럼만 시행할 가능성이 있습니다. 그래서 연령별로 확보되어야 하는 필수 활동, 자유 놀이 신체활동 등이 이루어지는지 별도로 확인해야 합니다.

이런 활동이 영어유치원이라는 타이틀 하에 진행되려면 영어가 '목적'인 어학원 영어가 아니라 필수 활동이 영어로 진행되는, 즉 영어를 연령별 필수 활동 및 다양한 체험을 가능하게 하는 '수단'으로 삼는 유치원이어야 하겠죠?

기준 ③ 원어민 선생님의 자질과 생활 반경

아이들에게 주요한 영향을 미치는 변수로 원어민 선생님의 자질, 그리고 아이와 원어민 선생님의 '활동 반경'입니다. 먼저 영어유치원은 교사 선발 시 따라야 하는 기준이 없어서 원어민 선생님의 과거 경력, 전공을 확인하는 것이 좋습니다. 외국에서 한국인이 취업하기 위해서는 범죄경력증명서(criminal report)가 꼭 필요한데, 선생님은 아이와 종일 생활하게 되기 때문에 이런 부분도 당당하게 확인할 권리가 있습니다.

다음으로는 아이들이 뛰어난 자질의 원어민 선생님과 얼마나 가까이에서 많은 시간(활동 반경)을 보내는지가 관건입니다. 많은 분이 그건 영어유치원을 보내면 당연히 충족되는 부분일 거라고 생각하겠지만 제가 여러 영어유치원을 찾아다니며 살펴보고 직접 원어민 선생님들을 만나본 결과 현실은 다를 수 있더라고요.

사례를 하나 들어볼게요. 제가 방문했던 한 영어유치원은 영어뿐만 아니라 체험과 다양한 놀이를 강조하는 곳이었습니다. 그 두 가지 부분이 잘 운영되기만 한다면 아이들에게 더없이 좋은 곳이겠다는 생각이 들어 방문했는데, 결론은 두 마리 토끼가 잡히지 않는 곳이었습니다.

유치원에서 보내는 시간 중 상당한 시간이 야외 체험이나 놀이 체험에 할애되어 있어서 이 부분이 어떻게 운영되고 있는지 구체적으로 물어봤더니, 숲 체험 때는 원어민 선생님이 아이들에게 임무를 부여하고, 아이들이 그 시간 내에 임무를 수행하는 방식으로 진행한다고 하더라고요. 그때 예로 들어준 임무가 '도토리 줍기'였는데요. 얼핏 생각하면 아이들이 뛰어 노는 반경이 커지니 좋은 것 같지만, 아이들이 자유롭게 흩어져 임무를 수행하기 때문에 그 시간에는 원어민 선생님과 한마디도 하지 않아도 되는 구조가 되는 것이죠. 영어 노출 측면에서 보면 그 하루는 버려진 하루가 되는 셈입니다.

그래서 영어유치원을 선택할 때는 원어민 선생님이 아이들과 함께 지내는 '활동 반경'이 좁은지가 관건이 됩니다.

수업뿐만 아니라 간식 타임, 점심시간에도 원어민 선생님이 아이들과 함께하면서 온종일 어울려 '생활'하는지, 정원을 가꾸는 활동인 '가드닝'이나 요리하기 같은 체험 시간에 원어민 선생님이 자신이 담당하는 아이들과 말을 주고받으며 아이들이 계속 영어에 노출될 수 있도록 신경 쓰는지, 현장학습을 가더라도 원어민 담임제로 원어민 선생님이 반 아이들을 인솔하며 지속해서 보살펴주는지 등을 확인해 보세요.

대부분의 수업을 영어로 진행한다는 설명을 듣더라도, 체육 시간이나 음악 시간에 한국인 외부 강사를 초빙해 진행하는 건 아닌지, 특별활동은 여러 반이 통합되어서 선생님 한 명당 맡는 아이의 수가 너무 많아지는 건 아닌지 등 꼼꼼히 확인해 보는 과정이 꼭 필요합니다.

기준 ④ 운영의 지속성과 안정성, 일관성 있는 트랙

지금 이 책을 읽고 계신 분들은 아이의 영어 교육에 있어 황금과도 같은 시기에 불안정한 요소, 변수를 최대한 제거해 주셨으면 좋겠어요. 보통 우리는 영어유치원에 보낼지 말지를 결정할 때 우리 아이의 영어 실력이 얼마나 향상될지, 또 아이가 영어유치원에 적응을 잘할 수 있을지를 먼저 생각해 보고 판단하게 되잖아요. 하지만 제 경우 영어유치원 때문에 우여곡절을 겪으며 핵심적으로 깨달은 것은 우리 아이의 전체 교육 여정을 생각해 봐야 한다는 것, 그 여정에 있어서 영어유치원이라는 이 조각이 어떻게 연결되고 맞춰질지 고민하고 연결해 보는 시각이 성공적인 교육의 중심이 된다는 점이었습니다.

제가 지금까지도 첫째 유치원 교육과 관련해 가장 아쉬운 부분은 일관성 있는 환경을 만들어 주지 못한 것이에요. 저는 영어유치원에 다니는 아이들은 두세 군데 전원하는 것이 흔하다는 것도 몰랐던 초보 엄마였어요. 그래서 첫 번째 유치원에서 아이의 반이 없어져서 울며 겨자 먹기로 다른 곳을 급하게 찾았습니다. 그러다 '아이의 레벨'에 맞는 곳이라는 이야기에 현혹되어서 제 가치관과 맞지 않는 '학습식' 유치원에 보내고 말았던 거죠. 결국 아이가 문제 유형과 문제 풀이에 매몰되어 가는 모습을 참지 못해 두 달 만에 그곳에서 빠져나온 뒤, 아이가 정말 편안하고 행복하게 성장할 수 있는 국제학교식 유치원을 만났습니다.

하지만 학기 한중간에 들어온 아이가 3년 내내 같은 반으로 함께 해왔던 아이들 사이에서 안정감을 찾는 건 쉽지 않았죠. 그 유치원으로 전원한 지 2주 만에 전 원생 앞에서 발표해야 하는 미션을 만나 운적도 있어요.

아이들이 정작 공부에 집중하고 역량을 발휘하는 시기에 아이의 발목을 잡는 것이 무엇일까요? 그때 놀라운 실력의 영작을 할 수 있는 실력을 갖추지 못한 것일까요? 아니면 불안정한 교육 환경 속에서 안정적인 정서의 기반을 마련하지 못한 것일까요?

앞서 말씀드린 세 가지 기준을 모두 만족하는 영어유치원, 유치원의 안정적인 운영, 졸업 이후의 일관성 있는 트랙, 이라는 삼박자가 모두 맞으면 더없이 좋겠지만 이 부분이 충족되지 않는다면 우리 아이를 위한 결정에 무엇이 가장 우선되어야 하는지 점검해 보셨으면 좋겠습니다. 아이의 안정적인 정서가 확보되는 트랙이라면 영어를 그 위에 얹어주는 것은 오히려 더 쉬운 일이 됩니다.

SWITCH

결국 한국식 입시 영어로 귀결될 텐데, 시간 낭비 아닐까요?

많은 분이 물어보세요. "유로네는 모국어 습득 방식으로 소통하는 영어를 추구하는데, 한국에서 내신을 관리하고 입시를 볼 예정인가요?" 저는 이 문제에 대해서 분명한 답을 가지고 있습니다. 아이들이 정말 원해서 외국 학교에 가겠다고 본인들이 길을 개척하지 않는 한 국내 대학에 보낼 예정이고 그 과정에서 당연히 내신과 입시를 거칠 거예요.

그렇다면 왜 입시 영어를 하지 않고 소통 영어를 하는지 질문을 주세요. 결론부터 말씀드리면 유로네는 현재 입시 영어를 하고 있는 것과 다름이 없습니다. 소통 영어의 범주가 입시 영어보다 넓기 때문에 소통 영어를 추구하다보면 결국 입시 영어도 다루게 되거든요. 반대로 입시 영어를 한다고 해서 소통 영어가 해결되는 건 아니지만 말이에요.

쉽게 말하자면 이렇습니다. 한국어를 모국어로 사용하고 있는 우리가 카자흐스탄 고등학교에서 한국어 시험을 본다고 가정해 볼게요. 카자흐스탄식의 '한국어 문법'을 심도 있게 공부하고 시험 준비에 엄청난 시간을 할애해야 할까요? 그렇지 않죠? 이미 한국어를 모국어로 습득해서 일상적으로 소통하고 있어서 이미 가지고 있는 '한국어에 대한 감'으로 어렵지 않게 카자흐스탄의 한국어 시험을 볼 수 있습니다.

영어도 마찬가지죠. 세부적인 스킬이나 시험 유형을 파악하는 공부는 시험을 보기 위해 추가로 해야 할 수도 있지만 모국어 방식으로 영어를 습득한 아이들은 내신이나 입시를 준비하는 시작점이 달라집니다.

유로네 첫째인 유하의 경우 외국에서 거주한 경험 없이 한국에서 모국어 방식으로 영어를 습득했는데요. 초등학교 저학년 때는 로알드 달의 작품들(AR 4~6점)이나 『스파이더위크가의 비밀』 같은 원서를 즐겨 읽고 소감을 영어로 표현하기도 했고요. 5학년이 된 지금은 『Sapiens』같은 AR 10.9점의 책을 읽기도 합니다.

물론 AR지수로 모든 걸 가늠할 수는 없습니다. 그러나 수능 영어 문제의 경우, (이 부분에 대해선 사람마다 의견이 분분합니다만) AR 지수*를 낮게는 9점에서부터 높게는 12점까지도 책정되곤 하니, 영어를 시험을 위한 학습으로만 하지 않아도 내신 수능 문제를 다룰 수 있다는 걸 유추할 수 있습니다.

이처럼 모국어 방식으로 습득하는 영어는 아이들이 영어를 좋아하게 하고 가장 효과적으로 흡수하는 방법입니다. 뿐만 아니라 한국 아이들이라면 거쳐야 할 내신과 수능을 힘들지 않게 준비하는 방법임을 말씀드리고 싶어요.

---

*AR 지수: AR 지수(Accelerated Reader)는 학생들의 읽기 능력을 평가하고 향상시키기 위한 지표입니다. 예를 들어, AR 지수 2.5는 2학년 5개월 수준의 읽기 능력을 의미하며, AR 지수 4.7은 4학년 7개월 수준을 나타냅니다. 이를 통해 학생들은 자신의 읽기 능력에 맞는 책을 선택할 수 있고, 교사나 부모는 학생의 독서 수준을 파악하고 지도할 수 있습니다.

해외 거주 경험이 없는데도 거부감 없이 영어 동화책을 턱턱 뽑아 읽는 유하의 모습.
글자가 꽤 빼곡한 책인데도 제법 진지하게 읽어 내려간다.

5장

부모 주도의 일상 영어,
처음부터 잘 되었을까요?
유하 이야기

◆ 어느 날 어린이집 선생님에게서 한 통의 전화가 걸려 왔습니다. 오늘 유하가 속상한 일이 있었다고요. 그 순간 '친구랑 싸웠나? 갖고 놀고 싶었던 장난감을 뺏겼나?' 생각했죠. 하지만 반사적으로 떠오른 이유가 무색하게도 진짜 이유는 엉뚱한 곳에 있었습니다.

그 어린이집에는 선생님이 책을 읽어주시는 시간이 있는데, 그날의 책은 유하와 같은 반 친구가 요청한 영어책이었다고 해요. 선생님은 Apple이란 단어를 무의식적으로 멋지게 발음하는 유하가 신기했고, "우와! 유하야 한 번만 더 해줄래?"라고 부탁했던 모양입니다. 그런데 아이가 그만 그 자리에서 '왕'하고 울음을 터뜨렸다는 이야기였어요.

당시 유하는 5세, 수줍음도 많고 낯도 많이 가렸지만 뭘 시킨다고 울음을 쉽게 터트리진 않는 아이였어요. 그래서 그 이야기를 전해들은 저는 '영어가 원인이 아닐까'하는 느낌을 지울 수가 없었어요. 어디서부터 잘못된 것일까? 유하가 배 속에 있었을 때 내가 직접 만들어 주고 싶었던 영어 환경은 따뜻하고 즐거운 것이었는데.

앞에서도 말씀 드렸듯이 저는 유년기에 아빠를 따라 해외에서 거주했었습니다. 그때 영국에서 처음 만난 영어를 성인이 되어서도 친절하게 기억하고 있어요. 나무 그늘에서 선생님 곁에 둘러앉아 선생님이 그림책을 읽어주던 소리, 눈동자 색과 코 모양이 전혀 다른 친구들과 해가 질 때까지 함께 놀곤 했던 기억이 처음 경험한 영어와 연결되어 있었거든요.

반대로 한국에 돌아온 뒤에 만났던 영어는 딱딱했던 것이었기에 내 아이만은 반드시 내가 처음 접했던 따뜻하고 즐거운 영어를 만나게 해 주리라 야심 찬 포부를 품었습니다. 다만 모국어로 의사소통할 수 있게 된 이후에 영어를 시작한다는, 제 나름의 원칙은 세워두었어요.

두 번째 언어는 모국어를 앞설 수 없다는 생각, 태어난 후 첫 2년간의 언어 노출량이 두 언어에 분산되면 모국어 성장이 아무래도 느려질 수밖에 없다는 이유에서였습니다.

유하가 한국말로 저와 막힘없이 의사소통할 수 있게 된 이후, 제 마음에 담아두었던 그 포부는 무섭게 제 관심과 생각의 중심에 들어서기 시작했습니다. 드디어 마음먹었던 바를 실행에 옮길 때가 되었다고 생각하니 맥박이 빨리 뛰고 설렘에 밤

잠을 설치게 되더라고요. 그리고 제 부푼 계획은 얼마 뒤 출발 신호도 없이 시작되었죠. 아이에게 갑자기 일상 대화를 영어로 말하기 시작한 겁니다.

물론 이전에도 영어 동요를 틀어주거나 영어 그림책을 한 번씩 읽어준 적은 있었지만 본격적으로 일상의 대화를 한국말에서 영어로 전면 변경한 건 그때가 처음이었어요. 심지어 말의 속도를 줄이거나 쉬운 표현을 골라 가며 대화를 시도한 것도 아니었습니다. 제가 처음 영국에 갔을 때처럼 '원어민이 말하는 속도와 표현에 많이 노출되면 되겠지?' 하는 생각이었던 거죠.

그런 안일한 생각으로 시작한 거친 접근 방식의 일상 영어를 이어갔습니다. 아침에 잠도 덜 깬 아이에게 "How are you today? Did you sleep well?" 하며 말을 걸기 시작해 자기 전까지 틈만 나면 아이를 향해 영어 대화를 시도했죠. 그래서 결과는 어땠냐구요? 참혹했습니다!

제 영어 질문에 대답하지 않는 것은 물론, 그 어떤 영어도 내뱉지 못하도록 제 입을 틀어막고, 급기야 반항하는 사춘기 아이처럼 굳이 영어책을 뽑아 와서는 한국어로 번역해서 읽어

내라고 고집스럽게 요청했습니다. 게다가 당시 저는 회사에 다니는 '워킹맘'이었는데요. 퇴근 후 함께 저녁을 차려 먹고 나면 이미 에너지 레벨이 바닥에서 찰랑찰랑했죠.

'이런 현상이 오래가지는 않겠지' 스스로를 다독이며 자꾸 감기는 눈을 오기로 부릅떴습니다. 그렇게 잠자리 독서 시간에 무상으로 번역을 해주며 몸도 마음도 참 고단했던 기억이 선명합니다.

호기롭게 시작되었던 저의 '무작정' 일상 영어 대화는 그렇게 사그라드는 불꽃처럼 꺼졌습니다. 아이가 영어만큼은 잘했으면 좋겠다고 생각해 왔었기에 영어 거부 반응은 더 크게 다가왔어요. 아이가 영어를 거부할 때마다 다리에 힘이 풀려 한동안 주저앉아 있을 수밖에 없었습니다. 하지만 정작 자다가도 머리를 쭈뼛 서게 하는 것은 아이가 배 속에 있었을 때부터 대화로 차근차근 쌓아온, 저와 아이 사이의 신뢰가 무너질지도 모른다는 불안감이었습니다.

아이가 일상의 사소한 요청에서부터 가장 마음 깊은 곳의 이야기를 거침없이 나눌 수 있는 상대는 엄마일 텐데, 그런 엄마와의 소통이 막힌다면? 그 무엇보다 아이 정서에 치명적일

"한국어로 해!" 영어 거부와 동시에 떼를 쓰기 시작했던 당시 유하의 모습.

거란 생각에 밤잠을 못 이루는, 생각이 꼬리를 무는 시간이 이어졌습니다.

그때는 아이의 영어 거부 반응이 마치 오물과 진흙이 온몸에 덕지덕지 붙은 괴물처럼 느껴질 만큼 무섭고 두려웠습니다. 그저 무조건적인 거부반응으로 느껴졌기에 어떻게 해결해야 하는지 막막했거든요. 하지만 지금에 와서 한 꺼풀 벗겨 보니 참 다양한 요인이 숨어 있었다는 걸 알겠더라구요. 게다가 첫째와 둘째에게 만들어 준 영어 환경도, 두 아이의 성향도 극과 극이라 다양하고도 현실적인 영어 거부 사례를 공유할 수 있게 되었습니다.

지금도 많은 부모님이 아이에게 영어 환경을 만들어 주려고 애쓰고 있을 텐데요. 동시에 아이의 거부 반응에 당황하고 있는 분들도 많을 거라고 생각합니다. 그래서 이와 같은 제 경험을 비롯해서 다년간 유로스쿨을 운영하며 만났던 여러 가지 사례와 함께, 유로네의 행복한 영어에 결정적인 도움이 되었던 해결책을 여기에 소개해 봅니다.

일상 대화 거부

원인

가장 빈번하게 일어나는 거부 반응이자 당연한 거부 유형입니다. 엄마와 뱃속에서부터 태담을 나누던 언어, 생존을 위해 가장 효율적으로 의사소통하던 언어, 마음속 깊은 이야기를 가장 편하게 전달하던 언어가 하루아침에 생전 처음 접하는 언어로 바뀐다면?

아이에게 그 충격은 쓸 수 있는 말 한마디 모르는 채로 낯선 땅에 떨어진 것과도 같지 않을까요? 그러니 아이에게는 영어가 마치 자신을 괴롭히는 악당처럼 느껴지지 않겠어요?

아이는 당연히 온 힘을 다해 영어를 거부하고 막을 겁니다. 본인이 입을 닫는 것은 물론이고 부모의 입도 틀어막고요. 마치 강요당하는 것처럼 느껴질 거거든요.

해결책

이럴 때는 과감하게 영어로 일상 대화하는 것을 중단해 주세요. 어차피 우리는 영어 원어민이 아니기에 365일 24시간 아이와 영어로 소통할 수 없습니다. 그건 매우 고단하고 불가능한 일이죠. 그만큼 여기에 큰 미련은 두지 않으셔도 좋습니다. 특히 답을 강요하는 질문, 즉문즉답의 강압적인 분위기는 아이에게나 아이와 부모 관계에 해롭고, 오히려 유의미한 소리가 잘 흘러 들어가는 환경을 방해하는 요인으로 작용합니다.

① 아이가 먼저 영어로 말을 걸고 표현하기 전에는 부모가 먼저 영어로 말 걸지 않습니다.

대신 아이가 표현했을 때 따뜻하게 수용하고 반응해 줍니다. 언어적인 부분뿐만 아니라 밝고 따뜻한 표정, 눈빛 등과 같은 비언어적인 부분까지 동원해서 아이의 말을 똑같이 영어로 반복해 주거나, 짧은 영어 또는 한국말로 반응해 줘도 괜찮습니다. 아이가 가장 많이 표현할 때는 부모의 영어가 유창할 때가 아니라 부모가 본인이 원하는 반응을 보였을 때이기 때문입니다.

② 먼저 대화를 걸고 싶을 때는 상황별 노래나 대답을 요구하지 않는 문장을 사용합니다.

상황별 노래란 멜로디로 해 주는 생활 영어, 노래로 불러주는 일상 대화를 말하는데요. 영어는 부모와 아이 모두에게 부담스럽지만 영어 노래는 멜로디와 가사가 정해져 있어 편하게 불러줄 수 있다는 점이 특징입니다. 게다가 일상에서 매일 반복되는 일과와 매치해서 불러주기 때문에 잊지 않고 반복하기에 쉽습니다.

한국에서 모국어 방식의 영어 환경을 만들어 줄 때 가장 부족하기 쉬운 부분이 자연스러운 의사소통 경험인데요. 엄마와 일상에서 반복하는 '생활 영어' 노래를 통해 소통을 체험하고 영어로 표현하고자 하는 동기를 만들어 줄 수 있습니다.(상황별 노래 활용법은 7장 실전편을 참고해 주세요.)

유로네는 이러한 상황별 노래에 '유로네 루틴송'이라는 이름을 붙여 활용하고 있습니다. 잠시 로하를 예로 들면, 로하는 네 살일 때 양치질을 싫어했는데요, 그런 아이를 위해 〈Brush your teeth〉를 루틴송 중 하나로 선택했어요. 이를 닦을 때마다 입에 거품을 한가득 물고 있으면서도 이 노래가 흘러나오면 양치질을 한결 재미있게 여기던 모습이 기억납니다. 또 몇 년간 잠자리에 들 때 여전히 가슴이 방방 뛰어 쉽게 잠들지 못하는 아이들과 〈Thank You Song〉을 함께 부르기도 했습니다. 두 아이는 매일 이 노래와 함께 아주 사소한 것이라도 감사한 일을 하나씩 이야기해야 잠이 들곤 했죠.

③ '유로와 한마디'와 같은 문장을 써주는 방법도 있습니다.

'유로와 한마디'는 즉문즉답을 요구하지 않는 짧은 문장인데요. 따뜻한 엄마의 격려와 응원을 전하는 한마디로 구성되어 있습니다.

유로네는 첫째가 등교하기 위해 집을 나설 때 꼭 "You are beautiful and confident!"라고 꾹꾹 눌러 말을 해 주고 있습니다. 처음에는 엄마가 무슨 말을 하는 거지? 어리둥절해하던 둘째도 이제는 문을 나서는 언니를 향해 하트를 날리며 "Beautiful and Confident"라고 말하며 배웅해 준답니다.

이처럼 상황에 맞는 표현을 활용해 아이들이 따듯함 속에서 영어에 익숙해지게 해 주세요. 특정 상황에서 반복되는 말을 통해 아이들이 뜻을 유추하게 되고 영어는 나를 응원해 주는 도구라고 느끼게 될 테니까요. 실전편의 문장들을 참고하신다면 더욱 도움이 될 것 같습니다.

영어 노래 거부

원인 ❶ 의미 없는 소리(단서 부족)

이런 현상은 나이가 찬 상태에서 시작했을 때 나타나는 경우가 많습니다. 어린 나이의 아이들은 한국어와 영어 큰 구분 없이 해당 언어를 신나는 리듬, 예쁜 멜로디로 흡수하는 경우가 많지만 어느 정도 큰아이들의 경우에는 영어 노래를 들었을 때 이해되는 게 적고 유추되는 게 없으면 거부하는 경우가 있습니다.

그도 그럴 것이 노래는 '단서'가 부족한 도구이기 때문입니다. 단서란 아이가 모르는 영어 소리를 들었을 때 의미를 유추할 수 있도록 돕는 힌트를 말하는데요. 소리와 관련된 동작, 사물, 그림이 모두 해당합니다. 그러나 아이들이 노래를 좋아하고, 영어는 노래로 시작하는 것이 좋다고 해서 우리 아이에게도 노래로 영어를 노출해 주었는데 싫어한다면 어떻게 해결해 주면 좋을까요?

해결책 ① 연계 노출

아이가 좋아하는 영어 영상이 있다고 가정해 볼게요. 큰 아이들 같은 경우에는 디즈니 영상도 많이 볼 텐데요. 만약 아이가 영화 〈Encanto〉 마니아라면 이 영화의 OST를 배경음악으로 활용해 보세요. 그럼 노래만 들어도 주인공 미라벨이 마드리갈 패밀리라면 누구나 전해 받는 마법 능력을 받지 못해 슬퍼하는 부분, 축제를 준비하며 뛰어다니는 부분을 떠올리게 될 거예요. 이런 장면 장면이 통째로 단서가 되어 아이들이 영상을 통해 듣는 영어의 의미를 유추할 수 있도록 돕는 것이죠.

꼭 디즈니 영화가 아니더라도 〈My Little Pony〉 〈Gabby's Dollhouse〉 〈Strawberry Shortcake〉 〈Elena〉 〈Sofia〉 등 활용할 수 있는 주옥같은 영화 OST가 많습니다. 영상이 아니더라도 아이가 좋아하는 그림책 등으로도 가능합니다. 연계 노출의 핵심은 노래와 이야기를 연결해 주는 거거든요. 이 방법을 통해서 아이는 노래에서 멜로디와 가사만으로는 부족한 단서를 다른 도구를 통해 얻을 수 있게 됩니다.

실제로 차 안에서 〈Encanto〉 OST의 'Surface Pressure'를 듣던 유하와 로하가 목적지에 도착했음에도 노래를 계속 들으며 차에서 내리지 않더라고요. 이유가 뭐였는지 아세요? 영화 속에서 그 노래가 흘러나오던 장면, 엄청난 힘을 마법 능력으로 가진 '루이사'가 당나귀를 휘두르고 집을 던지는 부분이 노래와 함께 머릿속에서 한 편의 영화처럼 흥미진진하게 펼쳐졌기 때문이라고 하더라고요.

해결책 ① 엄마가 불러주는 노래

영어 노래를 거부하는 원인이 같더라도 더 어린 나이일 경우 자기가 좋아하는 대상이 불러주는 노래에 귀 기울이고 의미 있는 소리로 흡수하려고 노력합니다. 같은 노래라도 엄마의 목소리로 소개되는 노래에는 더 관심 가지게 되고 잘 소화하게 된다는 것이죠. 여기에 노래의 뜻과 매치되는 표정과 동작을 가미하면 이보다 더 좋을 수 없습니다. 훌륭한 단서가 될 뿐만 아니라 아이가 엄마와 소통하는 행복감을 느낄 수 있으니까요.

원인 ❷ 집중을 방해하는 소리

노래가 부작용이 없어 제한 시간이 없다고 하지만 아이가 집중해서 공부하는 시간이나 책을 읽는 시간, 고도의 집중력을 요구하는 시간에는 배경음악을 싫어할 수 있습니다. 특히 귀가 예민한 아이는 더 그런데요. 저 역시 소리에 민감한 편이라 일을 하거나 잠을 잘 땐 작은 소리에도 예민하게 반응하는 경향이 있습니다.(대신 언어 듣기는 잘된다는 장점이 있지만요) 아이들도 분명히 그럴 수 있습니다.

해결책 ② 킬링 타임 포착

그럼 영어 배경음악을 언제 틀어 주냐고요? 하루 중 별 의미 없이 흘러가는 시간을 잘 찾아보세요! 게임을 하는 시간, 뒹굴뒹굴하는 시간, 의외로 그런 시간이 많습니다. 로하는 주로 등원하기 전 아침도 먹고 혼자 놀이도 하면서 보내는데요. 그때 주로 배경음악을 집중적으로 틀어줍니다. 이게 습관이 되고 나니 이제 반자동적으로 아침에 일어나 영어 배경음악을 틀어주게 됩니다!

영어 영상 거부

영어 영상은 단서가 풍부한, 장면과 소리가 매치되어 아이에게 제공되는 도구로 분류할 수 있습니다. 하지만 아이가 얻을 수 있는 힌트가 비교적 풍성한데도 거부 반응을 보이는 경우가 많죠. 그 원인과 해결책을 하나씩 짚어볼게요.

원인과 해결: 한국어 영상

아무리 친절하고 좋은 환경을 만들어줘도 한국어 영상에 노출되는 순간, 한국어를 제외한 모든 노출 도구가 잡음으로 바뀔 수 있는 위험이 있습니다. 대표적인 사례가 우리 집 둘째 인데요, 18개월 때부터 별 탈 없이 진행됐던 영어 환경이 24개월쯤 〈뽀롱뽀롱 뽀로로〉〈꼬마버스 타요〉에 노출되면서 한순간에 도미노처럼 무너지더라고요. 모국어인 데다가 그림과 소리로 스펙터클하게 전개되는 한국어 영상이 아이들에게 얼마나 재미있고 와 닿겠어요?

영어 영상은 그걸 절대 비집고 들어갈 수 없습니다. 특히 영어 환경 초기에는요. 다 이해되지 않는 생소한 영어 영상을 보려고 노력할 필요가 없으니까요. 그러므로 초기 환경에서는 한국어 영상 배제가 필수조건이 됩니다.

해결하기 위해 다음 두 가지를 따라주세요.

① 한국어 영상 코드와 맞는 영어 영상

한국어 영상에 노출되었더라도 우리 아이는 영어 영상을 처음 시작하는 것이니 초기용 영상, 〈Toopy and Binoo〉

〈Peppa Pig〉〈Daniel Tiger's Neighborhood〉를 무조건 보여 줘야 한다고요? 그러면 아이의 거부 반응이 심해질 수 있습니다.

이때는 극 초기용이 아니더라도 아이가 그간 즐겨 보던 한국어 영상과 주제, 스타일이 비슷한 영어 영상을 노출해 주시는 것이 자연스럽게 영어 영상으로 넘어갈 수 있도록 해줄 수 있습니다.

● 예시

<로보카 폴리>→ <Paw Patrol>

<타요> → <The Stinky and Dirty Show>

<뽀로로> → <Strawberry Shortcake>

② 단번에 제한하기 어렵다: 단계별 접근 아닌 장소별 제한

나이가 많고 한국어 영상에 오래 노출된 아이일수록 영상 금단 현상을 보일 가능성이 큰데요. 이럴 때 순차적으로 한국어 영상을 줄여나가고 영어 영상을 늘려가겠다는 계획은 이 세상 계획이 아닙니다. 성공 가능성이 매우 낮다는 것이죠.

순차적으로 줄이는 방법을 쓰고 싶으실 때는 횟수보다 공간을 제한하세요. 가령 우리 집에서는 '한국어 영상이 나오진 않지만, 1년에 한두 번 가는 할머니 집에선 나오고 일주일에 한두 번 타는 차 안에서는 나온다'라는 식으로 접근하면 비정기적 허용이 가능해지면서도 엄마가 통제의 끈을 놓지 않고 주도권을 가져갈 방법이 됩니다.

원인과 해결: 학습식 영상 활용법

성인은 영상을 이용해 영어 공부를 할 때 보통 한 에피소드가 귀에 박힐 때까지 무한 반복하거나 구간을 끊어서 필사하고, 뜻을 모르는 단어는 일일이 사전을 찾아보는데요. 이 방식을 아이에게 적용하면 거부할 확률이 매우 높습니다. 왜냐하면 이 시기는 본인에게 재미있는 소재의 영상을 보며 언어를 무의식적으로 흡수하는 것이 가장 효율적인 시기이기 때문입니다. 아이들은 성인의 학습법이 본인의 자연스러운 습득 방식에 반한다는 것을 무의식적으로 아는 거죠. 해결하기 위해서는 영화관에서 영화를 즐기는 것처럼 보여주세요.

그래서 영상을 보여주실 때는 반복 강요, 내용 확인, 핵심 표현 주입은 지양하고 영화관에서 영화를 보듯이, 팝콘을 먹으면서 같이 즐기는 것을 권합니다.

아이가 처음 영어 영상을 볼 때 본인이 좋아하는 대상, 부모와 함께 보는 것만으로도 안정되고 영화에 몰입할 수 있습니다. 재미있는 장면에서는 엄마 아빠가 같이 웃어주고 슬플 때 같이 슬퍼해 주는 것만으로도 아이가 좀 더 편안히 영어를 습득할 수 있는 환경이 만들어집니다.

영상을 반복 시청하지 않아도 괜찮을까요?

언어 습득에 있어서 특히 영·유아기에 해당 언어를 반복 노출해 주는 것이 효과가 있다는 사실은 여러 연구를 통해 밝혀져 있습니다. 그래서 영상도 한 에피소드만 반복해서 보는 것이 좋은 게 아닌지 고민하는 분들이 많죠.

결론적으로는 아이가 원하는 흐름을 따라주는 게 가장 효과적입니다. 아이들 머릿속에는 최고의 선생님인 '뇌'가 있고, 아이들은 가장 효율적인 습득 방법으로 움직이기 때문입니다.

따라서 반복을 특히 선호하는 3, 4세에 아이가 한 영상만 반복해 시청하기를 원한다면 그렇게 하도록 해 주면 됩니다. 더 높은 나이 아이들의 경우, 다음 에피소드로 연결해서 보길 원한다면 얼마든지 원하는 대로 하게끔 해줘도 괜찮습니다. 같은 시리즈 내의 에피소드를 연결해서 보게 되면 같은 캐릭터와 상황 설정 때문에 우리가 모르는 표현이 생각보다 많이 반복됩니다. 즉 아이들이 모르는 사이에 반복 습득을 하게 된다는 것이죠. 그러니 걱정하지 마시고 편안한 마음으로 반복되지 않는 영어 노출도 허용해 주세요!

원인과 해결: 수준보다는 코드

아이의 관심사, 성향에 맞지 않는 영어 영상 노출은 또 다른 영상 거부 반응의 주요인이 됩니다. 아이의 수준에 맞지 않는 영상이기 때문이 아니라 아이의 관심사와 성향에 맞지 않아서 거부하는 경우가 더 많다는 이야기입니다.

영어 영상 노출이 처음 시작인 아이에게 『마이 리틀 포니』 『해리포터』를 권하지 않습니다. 하지만 영어 영상의 영어 수준을 책처럼 미세하게 분류하는 데는 어려움이 있기 때문에, 이 나누기도 힘든 영어 수준을 맞추는 데 진을 빼는 것은 효율적인 방법이 아닙니다.

아이는 자기 수준보다 조금 더 높거나 낮아도 자신이 폭 빠질 수 있는 영상이면 그 높은 수준을 소화하려고 노력합니다. 그러므로 수준보다는 코드를 맞춰주는 것이 아이가 영어 영상을 싫증 내지 않고 자연스럽게 보는 게 더 효과적입니다.

영어 그림책 거부

원인과 해결: 아이의 책 읽는 방식을 존중해 주지 않을 때

도대체 언제부터 영어 그림책을 '1천 권 채우기 프로젝트'

로 읽게 되었을까요? 흔하게 볼 수 있는 이 트렌드가 참으로 안타까운 것은 아이가 영어 그림책을 처음 접하는 '이유식 단계'에 적용될 때 특히 그렇습니다. 마치 새벽기도에 가서 매일 기도하고 고행을 쌓아야 기적이 이루어질 거라고 믿는 것처럼, 영어 그림책도 매일 정해진 양을 채우고 숙제처럼 목표를 달성해야만 아이가 그 어떤 도움도 없이, 자연스럽게 영어 텍스트를 읽고 이해할 수 있을 것처럼 느낍니다.

하지만 그림책을 읽을 때 아이의 시선과 속도를 무시하고 내달리는, 이런 양 채우기식의 접근은 오히려 아이들이 영어 그림책 읽기를 거부하게끔 만들기에 제격이죠. 우리 아이들이 영어 그림책을 소화하고 이해하는 방식과 정반대이기 때문입니다.

먼저 우리 아이들의 시선은 글이 아닌 그림에 머물죠. 꼬마 문해력의 모습을 살펴보면 만 3세까지 문자를 인식하며 책을 읽지 않습니다. 대신 크고 간단한 형태의 그림을 응시하고 그 그림을 손가락으로 가리키면서 표현합니다. 그렇기 때문에 목표 권수를 채우기 위해 글자만 휘리릭 읽고 난 뒤 다 읽었다고 체크하고 끝내는 방식의 책 읽기는 아이들의 마음을 절대 사로잡지 못합니다. 게다가 '그림책(Picture Story Books)'이라는 장르 자체가 그림을 매개로 등장인물, 스토리라인 등을 더 잘 이해하도록 만들어진 것이기에 글자만 읽는 읽기 방식은 이 책을 제대로 읽었다고 할 수 없습니다.

해결하려면 책을 아이의 친구로 만들어 주어야 합니다.

아직 발화가 나타나지 않은 초기 환경에서, 영어 그림책 읽기의 목표는 아이와 그림책을 친구로 만들어 주는 데 있습니다. 이 시기에 영어책을 친구로 만난 아이들은 읽기 독립 후에는 자발적으로 무섭게 책에 파고들게 됩니다. 1천 권이 자연스럽게 채워지는 것이죠.

영어 발화가 이루어지기 전의 영어 그림책은 아이에게 부모와의 소통 도구인데요. 영어 그림책을 선택할 때는 아이가 스스로 마음껏 파고들 수 있는 그림이 있는 책, 자신의 흥미가 존중되는 책, 책 내용이 나를 이해하고 있다고 느낄 수 있는 책으로 소개해 주셔야 합니다.

그러기 위해서는 먼저 그림을 중심으로 하는 읽기에 집중하는 게 좋습니다. 처음부터 끝까지 글자를 읽는 것이 아닌 그림 하나를 파고들면서 책 자체에 몰입할 기회를 주는 것이 중요하기 때문입니다.

그렇다면 세부적으로 그림책을 어떻게 읽어줘야 할까요? 글자만 읽어주고 끝내면 그나마 편할 텐데 어떻게 그림책으로 아이와 소통하고 아이의 흥미를 존중할 수 있을까요? (이 부분은 7장 실전편에 있는 유로네 리딩 팁으로 풀어드리겠습니다)

원인과 해결: 영어를 처음 시작했을 때

아이들에게 '그림책 읽기'란 '엄마가 한국말로 읽어주는 걸 듣는 것'에 가깝습니다. 그래서 영어가 편하지 않은 상황, 즉 극 초기 영어 환경에서는 영어 그림책이 생소하고 이질적으로 다가올 수 있습니다. 사소하게는 한글 그림책과 영어 그림책은 그림체도 다르고 색감도 다르므로 더 낯설게 느낄 수 있고요.

해결을 위해 노래로 부르는 영어를 추천합니다.

이럴 때 가장 추천해 드리는 방법은 아이가 영어 중 가장 익숙하고 거부감 없는 노래로 영어 그림책을 소개해 주는 것입니다. 물론 엄마의 부드러운 목소리로 불러주는 것이 가장 효과적입니다.

그림책의 텍스트가 이미 노래로 만들어진 『Barefoot

Books』『노부영』등으로 아이스 브레이킹을 충분히 한 뒤, 아이가 이 방법을 신나게 받아들이고 스스로 선택한다고 느껴진다면, 또한 엄마도 편안해지면『유로네 노래로 부르는 그림책』을 활용하는 방법도 추천해 드립니다.

원인과 해결: 한글 민감기

한국에서 한국 교육 과정을 따르는 우리 아이들, 특히 만 3~5세 사이의 아이들은 말하기뿐만 아니라 문자에 관한 관심이 폭발적으로 늘어나는 시기가 꼭 옵니다. 이때는 아무리 영어 그림책으로 접근을 잘 해줘도 아이가 영어책을 거부할 수 있습니다. 자신은 한글에 대한 갈증이 심하고 한글로 그걸 채우고 해소하고 싶은데 엄마가 영어책을 들이미니까요.

이럴 때는 한글책을 시원하게 많이 읽게 해 주세요. 그래야 이중언어 발달 선상에서 아이가 이루고자 하는 목표가 달성되고 그다음 목표로 넘어갈 수 있습니다. 그리고 꼭 이 시기가 아니더라도 유하와 로하는 한글책 읽는 비중이 정말 높았습니다.

그렇다고 영어책 읽기가 결과적으로 아주 느려지거나 깊이 없이 이루어졌느냐 하면 그건 아닙니다. 유하는 열한 살에 자신이 원하는 영어책을 장르와 수준 구분 없이 읽고 소화해내더라고요.

두 번째 언어의 문해력은 모국어 문해력을 모방하는 성격일 수밖에 없습니다. 한글 문해력이 없는데 영어 문해력이 별개로 발달하지 않아요. 그러니 한글책 읽기를 많이 해 주세요!

영국 초등학교 시절. 햇빛이 귀한 영국에서 날씨가 좋을 때면 선생님이 야외수업을 하시곤 했다. 따듯한 햇살 아래에서 선생님이 읽어주시던 책이 아직도 좋은 기억으로 남아있다.

6장

아이가 둘 이상 있는 집에서
만들어 주는 영어 환경
로하 이야기

✦ 언니가 당당하게 표현했던 거부 반응을 경험 삼아 둘째 로하는 좀 더 편안한 환경, 여유 있는 엄마의 마음을 기본 값으로 가지고 영어 노출을 시작할 수 있었어요. 물론 저도 로하도 유하 때에 비하면 행복하고 여유로운 영어 환경에서 영어를 시작했지만 그 안에서도 잠깐의 거부 반응을 맞닥뜨려야 했습니다. 또 유하 때는 보지 못한, 아이의 성향에 따른 특징이 있었어요. 여기에서는 그 부분을 이야기해 보려고 합니다.

엘사 말고 안나처럼

주위에서 보면 유독 첫째에게 많이 나타나는 모습이 있습니다. 완벽을 추구하고 할 수 있는 것보다 적게 표현하는 것이죠. 단순히 아이 성향이라고 치부하기엔 왜 유독 첫째에게서 집중적으로 보이는 성향일까 의아했지만 멀리 갈 필요도 없이 제 사례가 생각났습니다. 내 아이가 영화 〈겨울 왕국〉의 안나 같은 아이가 되길 바라지만, 점점 더 엘사처럼 키우게 되었던 경우를요.

첫 아이가 생기면, 내심 완벽했으면 좋겠고, 누구한테도 뒤처지지 않았으면 하는 기대가 생기곤 합니다. 그래서 모든 환경을 첫째 위주로 구성하게 되죠. 그 환경이 오히려 아이에게 부담스러운 기류로 작용하고, 그래서 아이 스스로 완벽을 추구하는 성향이 강화되는 경우가 있습니다.

반면에, 보통 둘째는 언니 오빠 위주의 환경에서 관찰자 역할을 하죠. 영어를 받아들일 때도 아웃풋에 대한 부담 없이 자유롭게 흡수하고 즐깁니다. 부모는 보통 첫째보다 둘째에 대한 기대가 낮기에 어떤 말에도 너그럽게 활짝 반응해 주고요. 즉, 둘째가 접하는 영어 환경은 첫째보다 좀 더 편안하고 자유로울 수 있다는 것이죠.

안나처럼 당당하게 자기 의사를 표현하고 실수하는 것을 두려워하지 않는 아이로 자라길 바라신다면, 영어 환경도 '엘사 말고 안나처럼' 만들어 주면 좋겠습니다. 부모인 우리 마음을 매일 리셋하면서요. 또 우리 집에 가족 모두의 기대가 집중되어 있는 첫째가 있다면, 둘째를 대하듯 환경을 한번 점검해 보면 어떨까요?

사이좋은 자매 유하와 로하. 형제나 자매, 남매가 있는 아이들은 자라면서
서로에게 둘도 없는 스피킹 파트너가 되어준다.

언니가 만들어 주는 환경

둘째는 태어났을 때부터 항상 옆에 언니 유하가 있었고, 마침 언니가 영어에 재미를 붙인 시점이었어요. 언니가 상상의 친구랑 노는 모습, 노래를 따라 부르며 엉덩이춤을 추는 모습, 엄마와 눈 맞추며 영어로 소통하는 모습이 기본 환경으로 주어졌죠. 분명 엄마인 저 역시 유하와 영어 환경을 함께 하면서 제 마음가짐이나 이해도가 달라진 것도 있지만 이미 언니, 유하 때문에 영어가 흘러나오는 환경이 기본적으로 이미 마련되어 있었다는 건 부인할 수 없는 사실이에요.

이런 환경 속에서 태어나고 자란 아이에게 언니를 영어로 어떻게 불러라, 언니의 영어 이름은 '클레어'다 말해준 적은 없었어요. 언제 어느 시점에서 로하가 언니의 영어 이름을 인지했는지 알 수 없지만 로하는 영어 모드일 때 유하를 '언니'나 '유하가 아닌, '시스터(sister)'도 아닌, 발음도 쉽지 않은' 끌레얼(Claire)'이었어요. 언니 유하의 주의를 환기할 때도 "끌레얼?"이라고 불렀고, 언니 때문에 감사하다고 표현할 때도 "땡쓰, 끌레얼"이라고 하더라고요. 타원 모양의 프랑스 빵(Eclair)도 아닌데 그렇게 입에 닳도록 부르더라고요.

그 어리숙한 당참에 웃음이 새어 나오다가도 이 아이는 문화 없이 배우는 영어로 인해 '동네 언니'를 'neighbor sister'라고 직역하는 일은 없겠다 싶어 안도했죠. 문화가 녹아 있는, 살아있는 영어가 언니 유하를 통해서 로하에게 스며들고 있음을 깨달았던 순간이기도 했습니다.

노래 노출 시작 What do you see 뚜껑t?

로하 역시 시작하는 영어 환경은 노래 중심이었습니다. 물론 노래와 연계된 추가 활동이나 따라 부르기가 처음부터 되지는 않았어요. 하지만 영어 음가의 높낮이, 영어의 리듬, 호흡(강세, 음절 등)에 많이 노출되는 것이 영어에 가장 익숙해지는 길이라 확신했고, 그래서 일단 영어 소리와 친해져 보라는 의도로 시작했습니다.

첫째 유하의 영어 환경 만들기 때 검증된 유튜브 배경음악 채널을 가장 많이 활용했습니다. 아이가 어린이집에 가기 전에 엄마랑 빈둥거리는 시간, 어린이집에 다녀와서 자유 놀이를 하는 시간에 그야말로 배경음악으로 흐르도록 해당 채널의 플레이리스트를 재생해 두었어요.

영어 노래를 배경음악으로 활용 시에도 재미있었던 부분은 첫째가 둘째와 비슷한 나이에 노출되었던 노래 중 선호하는 스타일과 성향이 달랐다는 점입니다.

첫째는 비교적 클래식한 〈Wee Sing〉이나 〈The Barefoot Books: Singalongs〉 채널을 선호하고 좋아하는 곡이 생기면 한 곡을 완벽히 소화하고 외울 때까지 반복해달라고 요청했지만, 둘째 같은 경우에는 더 비트가 강하고 멜로디가 경쾌한 〈The Kiboomers〉〈The Singing Walrus〉 같은 채널을 선호했고 한 곡을 집중적으로 파기보다는 여러 곡을 본인의 흥대로, 정확하지 않아도 흥얼거리며 즐기는 모습이었어요.

아이가 하나일 때와 영어 환경 만들기를 시작할 때 또 다르게 느낀 점은, 배경음악 틀어주기 같은 손쉬운 작업도 생각처럼 간단하지 않았다는 것이에요. 분명 첫째 때는 제 휴대전화나 가족 공용 태블릿이면 충분했던 것 같거든요? 그런데 둘째를 낳고 나니 '멀티'로 움직여야 하는 상황이 폭발적으로 증가했어요.

막연히 생각날 때마다 배경음악을 틀어줘야지 하다가는 며칠이 쉽게 지나가기 일쑤였어요. 그래서 이때 별도의 AI

스피커를 마련했습니다. "〈Super Simple Songs〉 틀어줘" "〈Barefoot Books Singalongs〉틀어줘" 하면 바로 플레이리스트를 틀어주는 전용 장치를요. 그걸 둘째가 가장 많은 시간을 보내는 거실에 비치했습니다. 그리고 배경음악을 들려주는 시간도 하루의 일과와 매치해서 루틴으로 잡았더니 배경음악 노출에는 특별한 에너지를 들이지 않아도 됐던 경험이 있어요.

이 세팅으로 몇 주 몇 달이 지나자 처음에는 하루에 한두 곡씩만 들려주던 영어 노래 노출 시간을 점차 늘려줘도 거부감 없이 자연스럽게 받아들이더라고요. 급기야 혼자 리듬에 맞춰 춤을 추기도 하고 엄마, 언니와 누가 먼저랄 것도 없이 댄스파티를 펼치기도 하며 영어에 대한 즐거운 인상을 쌓아나갈 수 있었어요.

아이에게 부담을 주지 않으며 시작한 자유로운 기류가 아이에게 여과 없이 스며들었는지. 영어 노래 노출을 시작한 지 몇 개월 지난 어느 날, 로하가 어디에서 들어본 것도 같은 멜로디에 해괴한 영어 가사를 붙여 부르고 있는 모습을 포착했어요.

빈 생수병에 영감을 받았는지 생수병 뚜

귀여운 로하 영상

껑을 열었다 닫았다 하며 "What do you see '뚜껑t'?" "What do you see '컵 뚜껑t'?" 조금 엉성하지만 가사를 꽤 진지하게 붙이며 노는 모습이었어요.

첫째 때 이런 모습을 봤다면 저는 아마도 걱정부터 했을 거예요. '아니, 영어와 한국말을 섞어서 쓰는 모습이 굳어지면 어떻게 하지? 왜 명사는 한국말로 표현할까?" 하면서요.

하지만 그간의 경험 덕분에 로하의 아무 노래 대잔치가 마냥 사랑스럽고 기특하게 느껴졌어요. 첫째 때 영어 자체를 즐기는 것이 초기 영어 환경의 전부라고 할 만큼 중요하다는 걸 어렵게 체험했거든요. 그 어떤 뚜렷한 발화나 아웃풋이 없어도 영어를 대하는 태도, 즉 영어를 접했을 때 나오는 아이의 표정, 영어를 찾는 모습, 노래를 들었을 때 흥얼거림이나 마음대로 부르기와 같은 것들 말이에요.

게다가 문장 마지막 단어엔 어김없이 't' 소리를 붙이는 아이를 보며 곰곰이 이유를 생각해 보니 한국말 단어 끝엔 t(트) 발음이 좀처럼 나지 않는다는 점을 생각하게 됐죠. 로하가 누가 가르쳐준 것도 아닌데 영어 소리의 특징을 나름대로 인지하고 표현하고 있구나, 하는 생각에 '이 아니 신통방통하지 아니

한가?'라며 속으로 감탄의 고슴도치 바늘도 잔뜩 세워보고요.

그 상황에서 저와 제 가족은 어떻게 반응했을까요? 한국어로 표현한 '뚜껑'을 lid로 바꿔주고 '컵'이 아니고 '(생수)병'이라고 교정해 줬을까요? 아니요! 온 가족이 다함께 부르기 시작했어요. 로하가 만든 노래의 토시 하나, 멜로디 하나 바꾸지 않고요! 부르다 보니 멜로디가 입에 붙고 가사가 독창적이었던 이 노래는 은근히 매력 있더라고요? 곧 유로네 최고 인기곡으로 등극했다는 건 '안 비밀'입니다!

로하도 피하지 못한 거부 반응 : 영어 영상 싫어!

이렇게 노래를 통한 영어 노출이 자리를 잡아가고 잘 쌓이고 있다고 생각하던 25개월 무렵, 로하가 그간 편안하게 잘 들어오던 영어 노래를 거부하기 시작했어요. "이거 아니야! 나는 타요!"라고 외치며 완강한 모습을 보이더라고요.

유하의 경우엔 엄마가 생활 영어를 일방적으로 써서 보였던 거부 반응이었고, 지금 생각해 보면 충분히 이해되는 일이었어요. 하지만 로하의 경우에는 생활 영어라는 변수 없이도 거부 반응이 나타난다는 점이 의아했습니다.

이제 스스로 소리를 연결하네

유로네는 다섯 살 터울의 자매가 살고 있잖아요. 그래서 어쩔 수 없이 각자의 수준에 안 맞는 노래가 배경음악으로 흘러나올 때가 많아요! 언니는 『Magic Tree House』 음원을 즐겨 듣고 유튜브 채널 중 하나인 <Strawberry Shortcake>의 노래를 복창하는데, 영어 노출을 막 시작한 아기에게 이 음원과 노래가 달갑게 들릴 리 없었겠죠. 로하는 언니가 좋아하는 노래, 음원만 나오면 시끄럽다며 빨리 끄라고 난리였죠.

그런데 34개월 되었을 무렵 겪은 재미있는 일화가 있습니다. 유하가 여느 때처럼 꿋꿋이 'Dad Can' 아저씨가 읽어주는 『Magic Tree House』 음원을 듣고 있었는데요. 보통 때 같았으면 "꺼!" 했을 로하인데 딕션이 매우 좋은 영국 아저씨가 "If we work together anything is possible"이라고 읽은 부분을 듣자마자 "엄마! 이거 <Strawberry Shortcake>에서 나온 거야! 'Anything is possible'이잖아!" 하면서 즉시 흥이 올라 춤을 추기 시작하더라고요. 그동안은 아이가 좋아하고 이해할 만한 소리(유의미한 소리)를 골라 떠먹여 줬는데, 이제는 전혀 다른 출처에서 나오는 소리여도 스스로 단서를 찾아 연결 고리를 만들어 내다니! 이 일은 지금까지 잊히지 않는 놀랍고 기특한 이벤트가 됐어요.

초기 영어 노출 환경, 특히 아이가 둘 이상 있는 집에서 '유의미한 소리'를 노출해 주는 일은 신경 쓸 것과 힘들일 곳이 더 많은 일인 것이 분명합니다. 그러나 이 또한 환경이 잘 유지되고 쌓이면 아이들이 스스로 해나간다는 것, 그래서 중반 이후엔 영어 소리 자료를 선택하는 데 들이는 힘이 줄어든다는 것을 꼭 말씀드리고 싶어요. 두 아이가 다 듣는 귀가 뚫리고 간단한 대화가 가능한 시점이 되면 한국에서는 찾기 쉽지 않은, 둘도 없는 '또래 스피킹 파트너'가 되어주며 엄청난 시너지를 낸다는 점도 기억해 주세요!

물론 두 번째 겪는 일이라 첫째 때만큼 당황스럽지는 않았어요. 애써 침착함을 유지하며 로하가 거부 반응을 보이는 이유가 무엇일까 고민해 보았습니다.

처음에는 '그동안 한국어와 영어를 구분하지 않고 소리를 받아들이다가 모국어가 영어와 구분되기 시작하면서 뿌리가 더 약한 영어가 튕겨 나온 게 아닐까?' 하고 막연하게 생각했어요. 하지만 결정적인 이유는 아이에게 가장 편하고 재미있는 우리말 영상이 노출되었다는 데 있었습니다.

두 아이를 키우다 보니 아이가 한 명일 때보다 육아는 제곱 승으로 힘들었고, 그로 인해 너덜너덜하게 지쳐있었죠. 둘째가 두 돌이 되었을 때 〈곰디와 친구들〉 정도는 내용이 건전하니 괜찮겠지, 하는 생각으로 보여줬는데 우연히 〈꼬마버스 타요〉와 〈띠띠뽀 띠띠뽀〉를 접하게 된 이후 로하는 이 두 영상만 고집했어요. 하루에 20분씩 보여주기 시작한 지 한 달 정도가 지난 시점부터는 영어 노출 전선에 이상이 생기기 시작했습니다.

영어가 아직 탄탄하게 자리 잡히지 않은 상황에서 (연령 수준과 비교해) 화면 전환이 빠르고 자극이 강한 한국어 영상이라는 옵션이 생긴 거죠. 그러니 로하로서는 이해하려고 노력을 들여야 하는 영어 영상을 봐야 할 이유가 전혀 없어진 것이죠. 이때부턴 영어 영상뿐만 아니라 영어 노래도 '싫다', 영어 그림 책도 '아니다' 하며 영어와 관련된 모든 것에 거부 반응을 보였습니다.

이 상황을 방치할 수 없다! 저는 특단의 조처를 내리기로 하고 문제의 원인으로 생각된 한국어 영상 시청을 모두 금지하기로 했습니다.

집 안에서만 국한된 금지령이었냐고요? 아니요, 아이가 방문하는 할머니 할아버지 집, 자주 가는 동네 친구 집에서도 아이가 영어 영상만 시청할 수 있도록 협조를 구했고요. 유하 같은 경우에는 평소에 한국어 영상을 보지 않은 상황이었지만 만약 형제인 로하가 한국어 영상을 본다면 이 부분에서도 은근슬쩍 물이 새고 있을지 모르니 확인은 필수입니다.

한국어 영상 시청이 금지된 후 로하의 반응은 어땠을까요? 처음에는 당연히 '금단 현상'을 보였고 헤어진 연인을 찾는 것처럼 〈꼬마버스 타요〉를 애타게 찾았어요. 첫째 때는 아이가 힘들어하는 걸 못 참고 쉽게 흔들렸지만, 이때 물러나면 엄마와 아이 둘 다 앞으로도 계속 이 문제로 실랑이를 벌이며 더 힘들어진다는 걸 알고 있었죠. 마음을 굳게 먹었습니다.

다소 유치한 설득이지만 "로하야 이제 우리 집에서는 한국말 TV가 안 나와, 엄마가 돈을 안 냈어"라고 말하며 확실하게 선을 그었어요. 단, 6세 이상 아이에게 같은 설명을 시도하면 안 됩니다. 절대 믿지 않거든요.

로하는 그 뒤로 처음 한두 주 동안은 불쑥불쑥 한국어 영상이 보고 싶다고 했지만 어느 정도 기간이 지나니 한국어 영상을 볼 수 없는 상황을 받아들이기 시작했고 영어 영상을 집중해서 보더라고요.

그렇게 '영상은 영어로 보는 것'이라고 받아들이고 영어 영상에 점차 재미를 붙이면서 영어 노래와 그림책을 거부하던 문제는 해결됐습니다. 가장 방해가 되는 자극을 없애 주니 영어 소리에 흥미를 붙일 여지가 생겼고, 영어 소리와 다시 친해지니 영어 노래와 그림책의 막힌 부분이 뚫리는 선순환이 나타났어요.

영상 흡수

"다니엘이 졸릴 때 하는 말이잖아!"

순항 중이던 로하의 영어 영상 시청, 엄마 마음에는 몽글몽글 올라오는 의심의 구름이 있죠. 첫째 유하 때는 이렇게 어린 나이에 영상을 도구로 활용하지 않았기에 더 궁금한 부분이었는데요. 로하가 영어 영상의 내용을 정말 잘 흡수하고 있는 걸까? 화면을 주시하고 미간을 찌푸려가며 집중하면서 간간이 웃기도 하는데 정말 내용을 이해하고 있는 것인지에 대한 의문은 매번 같은 곳에 깔리잖아요. 저만 그런 거 아니죠?

그러던 중 〈Daniel Tiger〉, 미국의 호비를 몇 주간 보고 난 시점이었나 봐요. 잠자리 수면 의식을 다 치르고 누우려고 하는 찰나, 아이가 하품하며 "I'm so tired"라고 하더라고요!

분명 제가 해 줬던 말이 아니었기에 깜짝 놀란 마음을 누르고 "로하야, 이 말은 어디에서 배웠어?" 물었더니 "다니엘이 졸릴 때 이렇게 말하잖아!"라며 엄마는 왜 이 당연한 걸 모르냐는 듯 어이없는 표정으로 되묻더라고요.

칼같이 상황에 딱 맞는 정확한 의미는 아니었지만 자기 전에 졸릴 때 쓰는 말이라는 '상황적 이해'를 하고 있었던 건데요. 이건 영상의 화면, 동작을 통해 흡수한 것으로 보였고, 그 이후에도 같은 상황이 되었을 때 로하에게서 무의식적으로 그 말이 튀어나오더라고요. 영어 영상이 유의미한 인풋으로 아이의 영어 성장을 확실히 돕고 있다는 것을 믿을 수밖에, 두 손을 들 수밖에 없었습니다.

역할놀이

역할 놀이할 때 엄마의 반응: 우리는 그들만의 놀이에 개입하지 맙시다

두 아이 모두 영어 습득 과정에서 영어에 대한 거부 반응을 보이기도 했지만 둘째의 경우에는 첫째보다 영어로 표현하고 내뱉는 부분이 더 빠르고 많았어요. 아마도 엄마의 마음가짐이나 기대치가 첫째 때보다 현격히 달라지고 집 안의 기류가 한층 더 가벼워진 덕분이라는 생각이 들었는데요.

유하는 6세 때 영어를 말하기 시작했고, 그 이후 영어 역할놀이를 적극적으로 하면서 스피킹이 많이 늘었어요. 로하는 이 역할놀이를 4세에 시작하더라고요.

물론 완벽히 영어를 구사하는 건 아니었어요. 외계어 대잔치이고 한국말도 많이 섞여 있기는 했지만 엄마의 개입이 없는 상태에서 영어로 대화를 이어 나가는 모습은 처음이라서 바로 기록해 두었습니다. 이때 제가 해준 부분은 역할놀이가 지속될 수 있도록 아이가 좋아하는 소리를 계속 찾아서 충분히 들려주고 좋아하는 소재와 관련된 놀잇감을 슬쩍 '스피킹 존'에 넣어 주는 것이었어요. 나머지는 시키지 않아도 아이가 알아서 흥미를 찾았고, 영어로 표현하기도 주도적으로 연습하더라고요.

로하가 4세였던 그 시기의 기록을 다시 살펴보면, 로하는 한 가지 캐릭터에만 푹 빠지지는 않았지만 그때까지 보았던 영상, 책, 노래가 절묘하게 뒤섞여 입에서 흘러나왔다고 적혀 있네요. 한국말로도 "아니야"를 남발하며 자아를 찾아가고 있는 4세였던 터라 그런지 로하가 뱉는 영어에서도 "no, not"이 많이 나왔다는 기록도 있고요.

리딩의 시작

생활 속 문자 매칭 : 블리피(Blippi)의 'B'

흔히 모국어 노출 방식에서는 소리와 문자를 별개로 생각하기 쉬운 것 같아요. 이 관념은 소리에 대한 이해가 저변에 깔리지 않고 문자를 시작하는 최근의 교육 풍조와 극과 극에 있는 것인데요. 다양한 매체, 노래, 영상, 책을 통해 소리를 노출해 주다 보면 문자에 대한 인식도 유기적으로 함께 이루어지는 모습을 볼 수 있더라고요. 굉장히 학구적으로 접근하지 않아도 로하가 그맘때 즐겨보았던 〈블리피(Blippi, 미국 아저씨가 현장 체험해 주는 영상)〉를 예로 들 수 있어요.

〈블리피〉는 문자 교육을 위해 만들어진 영상도 아니고, 시청할 때 자막도 재생하지 않았지만 로하는 이 채널의 영상을 통해 알파벳 중 B를 가장 처음 인지하게 되었어요. 그 이유는 블리피 아저씨가 영상 끝에 항상 "How do you spell my name?", "B-L-I-P-P-I" "블리피"라고 반복하기 때문이에요.

이 부분에선 로하가 꼭 블리피 아저씨의 말을 따라 하기에 귀엽다고 생각하고 지나갔는데요, 한번은 엘리베이터에서 'B1'을 보고 "블리피의 B다!" 외치더라고요.

이처럼 잘 짜인 소리 중심의 환경에서는 아이의 스피킹, 듣기 능력뿐 아니라 리딩, 쓰기의 기반이 되는 문자 인식도 유기적으로 형성되고 자랄 수 있습니다.

꼬마 문해력의 모습 : 외계어로 읽는 책이 의미 있는 이유

영어 노출을 본격적으로 시작한 지 1년 반이 조금 안 되었을 무렵, 로하에게서 재미난 장면이 연출되기 시작했어요. 꽤 학구적이고 융통성이 없는 첫째에게서는 좀처럼 볼 수 없는 모습이었는데요. 제가 읽어줬던 영어 그림책을 혼자서 빼 들고서는 누가 보든지 말든지 소리 내 읽더라고요! 재미있었던 것은 어쩌다가 그림과 매치되는 표현이 있긴 했지만 대부분 전혀 말이 안 되는 영어였고, 본인은 매우 빠른 속도로 유창한 척 읽는다는 것이었어요. 그런데 멀리서 들어보면 얼핏 영어 같기도 한, 그런 자음과 모음의 연속이지 뭡니까?

책을 싫어하지 않는, 영어로 노는 모습이겠거니 긍정적으로 생각했지만 이것이 '꼬마 문해력'의 일면이라는 것을 얼마 후에 알게 됐습니다. 만 1~2세 시기에 '혼자 책 읽는 척을 함'이 문해력 체크 리스트에 떡하니 들어가 있더라고요.

그걸 읽고선 어찌나 반가웠던지! 아이의 문해력이 조금씩 쌓이고 있었다는 사실도 좋았지만, 그보다 더 기뻤던 건 영어도 모국어 방식으로 쌓이고 있다는 점이었죠. 영어 노출을 시작한 지 딱 1년 반이 지난 시점이라 더 앞뒤가 맞아떨어지는 느낌을 받았습니다.

두 아이의 다른 수준과 성향을 조율하는 팁

영상: 영상 노출은 분리가 기본입니다.

영상은 익숙하지 않은 영어 소리를 화면에 나오는 그림, 상황, 실물을 단서로 스스로 유추하는 과정이므로, 각 아이의 수준과 성향에 맞추는 것이 좋습니다. 영상 노출 도구(최소 아이패드 크기 이상)를 각각 갖추어 분리 노출해주세요!

책: 잠자리 독서는 같은 책을 반복해서 읽어주셔도 좋습니다.

엄마의 목소리로 읽어주는 한 권의 책은 리딩 레벨 향상이나 읽기 연습보다는, 정서적 안정감 속에서 책을 매개로 소통하는 데 중점을 둡니다.

스스로 읽는 책이 아니기에 수준에 너무 얽매이지 않으셔도 괜찮습니다.

둘째에게 다소 어려운 책은 엄마의 표정과 동작이 더해지면 이해가 쉬워지고, 첫째에게 쉬운 책은 스스로 재해석하는 기회가 됩니다. 함께 읽을 때 조금 산만해도 서로의 반응을 보며 오히려 흥미를 더할 수 있습니다!

놀이: 함께하는 영어 ZONE

거실이나 방 한쪽에 '놀이존'을 마련해주세요. 유로는 레고를 좋아해서 '레고존'을 만들어 주었더니 제가 먼저 나서지 않아도 인풋된 영어로 역할 놀이를 하고 노래를 부르는, 아웃풋(스피킹)의 장이 열렸습니다. 아이가 좋아하는 캐릭터 피규어나 플레이도우 같은 간단한 미술 도구도 좋습니다! 영어 습득 초기부터 대화를 주고받는 환경을 마련해 주시면, 아이들이 서로에게 '상시 스피킹 파트너'가 되어 시너지 효과를 낼 수 있습니다.

첫째를 둘째의 선생님으로!

영어 노출이 더 많은 첫째에게 그림책 읽기, 모르는 단어 가르쳐주기 등의 선생님 역할을 맡겨주세요. 첫째는 가르침을 통해 더 깊이 학습하고, 둘째는 또래 멘토링의 효과를 누릴 수 있습니다!

CHECK

한국어와 영어

한국어 뜻 물어보기

직독 직해 인풋을 안 했는데 왜 직독 직해 질문을 할까?

점점 개구쟁이가 되어가고 있던 39개월의 어느 날, 로하가 "몸이 영어로 뭐야?"라고 물어보더라고요. 이런 질문은 한 번으로 그치지 않고 본인이 하고 싶은 말이 영어로 무엇인지 묻는 빈도가 늘었고요.

이전까지는 그렇게 물어본 적이 없었고, 무의식적으로 상황에 맞는 말을 툭툭 내뱉었는데요. 제가 먼저 직독 직해 방식으로 영어 인풋(input)을 준적도 없어서 조금은 의아했습니다.

얼마 전에 뵌 홍현주 박사님께 이 상황을 여쭤보았더니, '아이가 아무 생각 없이 음식을 맛있게만 먹다가 커가면서 이건 무슨 재료로 만든 거지? 어떻게 이 요리를 만들까? 의식적으로 궁금해 하는 것과 마찬가지'라며 명쾌한 비유를 들어주셨어요.

꼭 한국어와 영어가 정확히 매치되는 인풋이 아니더라도 이중 언어를 하는 아이들은 자연스레 영어 뜻을 한국어로 궁금해 할 수 있고 한국어를 영어로 떠올려볼 수 있다는 것이죠. 결론적으로 아이들이 이중 언어를 정리해 나가는 과정에서는 편안하게 대답해 줘도 괜찮다는 것이었어요.

다만, 이미 뜻을 어렴풋이 알고 있으면서도 습관적으로 물어보는 것 같을 때는 '로하는 뭐라고 생각해?' 반문함으로써 로하 스스로 답을 내도록 했어요.

그러나 먼저 '고양이'는 'Cat', '즐겁다'는 'Happy' 하는 식의 직독 직해 방식의 인풋은 영어 환경을 만들어 주는 시기에는 절대 하지 않았습니다. 이 방식은 우리 아이들에게 건강한 영어 근육을 만들어 주기 위해 앞으로도 신경 써서 하지 않을 생각입니다.

영어 읽기 독립보다 한글 읽기 독립이 먼저

영어가 발화되고 있고 모국어 습득 환경에서 스피킹 아닌 다른 영역에도 조금씩 성장이 나타나고 있는 로하. 그렇다면 다음 단계는 무엇인지 많은 분이 물어보시는데요. 다음 단계는 영어 읽기 독립이 아닌 한글 읽기 독립, 그리고 좋아하는 영어 소리가 수량이 풍부한 강물처럼 꾸준히 유입되는 것입니다.

로하는 2022년 당시 나이로 5세, 언니 유하보다 훨씬 여유롭게 영어 로드맵상의 계획이 진행되고 있지만 리딩 부분에 대한 강력한 동기는 아직 없는 편이에요. 유하의 경우에는 영어에 대한 굴곡진 과정이 있었지만 한글 읽기 독립은 비교적 수월하게 이루어냈어요. 이른 연령에도 책을 워낙 사랑하는 편이었고, 본인의 가장 큰 동기였던 '내 마음대로 혼자 읽고 싶다'라는 힘으로 읽기 독립을 달성해 냈죠.

하지만 책을 그렇게 좋아하는 편이 아닌 로하는 읽기에 대한 강력한 동기는 아직 없어 보여요. 다만, 한글은 유치원에서나 일상에서 아무래도 더 많이 노출되고 영어 타임라인보다 빨리 진행되고 있기에 본인 이름 쓰기, 친구들과 주고받는 쪽지에 담긴 '사랑해' 같은 내용을 궁금해 하고 읽고 싶어 하는 신호는 보내더라고요. 그래서 찬찬히 여유롭게 읽기 독립을 준비하고 있는 단계입니다.

이 부분이 언제 달성될지는 미지수이지만 한글 읽기 독립이 이루어진 이후에 영어 읽기 독립을 준비할 때는 언니와 같은 방법, 영어 소리에 대한 이해가 차고 넘치는 상황에서, 아이의 영어 습득에 큰 도움을 주는 소리와 그림을 충분히 활용하여 흥미 영어의 연장선상에서 진행할 계획입니다.

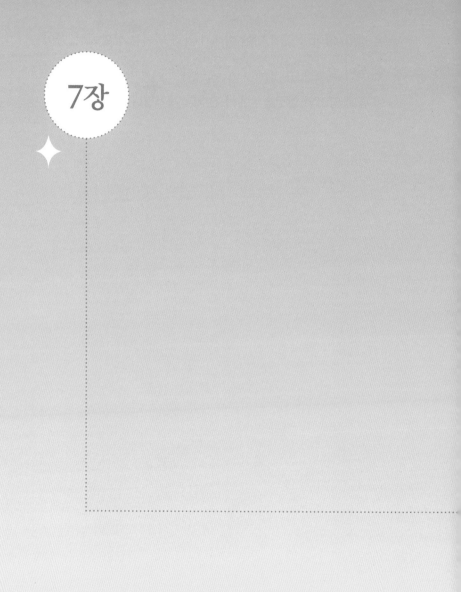

7장

실전편: 도구를 활용한 영어 환경 만들기

영어 교육
체크리스트

집안 영어 환경이 잘 조성되고 유지되기 위해선 '믿는 것', '아는 것', '실행하는 것'의 균형이 중요합니다! 실전편에 들어가기 전과 후 체크리스트를 통해 상황을 점검해 보세요! 표시되는 개수가 확연히 달라지는 것을 확인하실 수 있을 겁니다.

믿는 것

☐ 유의미한 인풋을 지속해서 공급하면 뇌가 자발적인 아웃풋을 낸다고

믿는다.

☐ 아이의 청신호를 따라가는 것이 집안 영어 환경을 유지하는 행복한
동기가 된다고 믿는다.

☐ 집안 영어 환경이 영어 교육의 중심이 되어야 한국에서도 쓸모 있는
영어를 장착시켜 줄 수 있다고 믿는다.

아는 것

☐ 모국어 방식의 영어 환경 조성법을 안다.

☐ 영어 생명력을 유지해 쓸모 있는 영어로 연결하는 방법을 안다.

☐ 언어 습득으로 이어지는 인풋, 유의미한 인풋의 정의를 안다.

☐ 부모만이 할 수 있는, 부모가 집중해야 할 인풋이 무엇인지 안다.

실행하는 것

☐ 가족 구성원에게 일상 영어 환경 조성을 위한 협조를 구했다.

☐ 영어 환경 실행을 위한 집안의 물리적 환경을 조성했다.

☐ 일상에서 소리 노출이 하루에 한 시간 이상 이루어지고 있다.

☐ 아이의 정서를 돌봐주고 아이의 표현에 반응해 주고 있다.

SWITCH

근간이 되는
가설

환경 이론(촘스키)

아이가 언어를 습득하는 방법은 어른의 방법과 다릅니다. 저명한 언어학자 촘스키는 그 부분을 '가설'에서 이렇게 설명합니다. '영유아가 어떤 환경에 노출되었을 때 생득적인 내재적 능력이 발동되어 주위의 언어 자료를 스스로 분석하여 언어를 능동적으로 흡수한다'구요.

이를 풀이하면 언어 습득의 결정적 시기에 놓인 영유아는

① 어떤 환경에 노출되기만 하면

② 이미 가지고 태어난 능력을 활용해서

③ 처한 환경 안에서 제공되는 언어적 힌트를

④ 누가 해석해 주거나 주입하지 않아도 스스로 분석해서

언어로 습득한다는 것이에요.

모르는 단어를 직독 직해로 일일이 사전을 찾아보고 조합해서 문장의 뜻을 유추하는 성인의 학습 방법과는 확연히 차이가 있죠. 그러면 여기에서 영유아가 유일하게 스스로 못 하는 것은 무엇일까요?

'어떤 환경에 노출되는가'는 스스로 결정하지 못합니다. 그러므로 우리의 역할은 '영어 학습시키기'가 아니고 '영어 환경 만들어 주기'가 됩니다.

유의미한 소리(크라센)

앞에서 환경을 중시하는 촘스키의 가설을 소개해 드렸는데요, 이 언어 습득 과정을 촉진하는 중요한 개념이 있습니다. 한국에서는 '읽기 혁명'으로 잘 알려진 학자 크라센의 '이해 가능

한 인풋(Comprehensible Input)'입니다.

현재 이해 가능한 수준보다 한 단계 높은 인풋(i+1)이 되면 언어 습득에 가장 효과적이라는 가설이에요. 그런데 영어를 시작하는 단계에서는 현재 수준을 정확히 파악하거나 한 단계 높은 인풋을 정교히 맞추는 것 모두 거의 불가능한 일입니다.

그래서 이해 가능한 인풋을 유의미한 소리, 전체적 의미를 유추할 수 있는 소리라고 정의했습니다. 개별 단어와 표현을 다 알지 못하더라도 말이죠.

이건 달리 말하면 아이들에게 힌트를 많이 주는 소리 그림, 상황, 실물로 연결된 소리를 의미합니다. 그리고 똑같이 유의미한 소리라도 이를 더 잘 흡수하게 하는 환경과 그렇지 못한 환경이 있다고 말하는데요. 이 부분을 다음 세 가지 항목으로 정리해 볼 수 있습니다.

좋아하는 주제, 대상의 소리 찾아 동기 높여주기

우리가 외국 문화를 다양하게 접할 수 있는 이태원에 놀러 갔다고 가정해 봅니다. 친구를 기다리는데 근처 이슬람 사원에서 아랍 노래가 큰 소리로 계속 흘러나오고 있어요. 조금도 이해되지 않는 노래의 첫 느낌이 어떨까요? "아우 시끄러워!" 하면서 귀를 막아버리지 않을까요?

하지만 내가 정말 좋아하는 영국 배우 '콜린 퍼스'가 아랍 방송과 독점 인터뷰를 한다! 어디서도 들을 수 없는 그 내용을 아랍어로만 송출한다고 생각해 보세요. 그럼 그 시끄럽고 귀를 막고 싶었던 아랍어가 어떻게 들릴까요? 소리 하나라도 놓칠세라 어떻게든 의미를 유추하고 이해하려고 귀를 쫑긋 세우고 수단과 방법을 가리지 않겠죠. 그렇다면 콜린 퍼스가 팬들에게 불러주는 아랍 노래는요? 이건 뭐 게임 끝입니다! 다섯 번 듣고 열 번 듣고 귀가 아플 정도로 무한반복 외울 때까지 재생하는 건 당연지사입니다.

아이들도 마찬가지입니다. 의미 유추가 조금 더 어렵고 힘든 소리라도 내가 좋아하는 것을 더 좋아하도록 하는 소리, 내가 좋아하는 사람한테서 나오는 소리는 어떻게든 '의미 있는 소리'로 바꾸려고 누가 시키지 않아도 갖은 노력을 하게 됩니다. 이런 이유로 많은 영어 교육 전문가들이 아이가 좋아하는 영어 영상, 그림책 등 좋아하는 것을 찾아주는 것의 중요성을 강조하는 것입니다.

그러면 여기서 잠깐! 아이들이 가장 좋아하는 사람은 누굴까요? 깊이 생각하실 필요 없어요.

물론 평소에 툭탁툭탁도 많이 할 테지만, 누가 뭐래도 아이가 가장 좋아하고 사랑하는 대상은 바로 부모입니다. 그래서 별 관심 없던 노래도 엄마 아빠 입에서 흘러나오면 아이들한테는 전혀 다른 의미의 소리가 되는 것입니다.

초반의 자신감, 성취감 장착시켜 주기

2002 월드컵을 성공적으로 이끈 히딩크 감독! 한국인이라면 대부분 호감을 느끼고 있는 유능한 축구 감독이죠. 히딩크 감독이 이기는 경기를 위해 반드시 쓰는 전략이 한 가지 있었다고 합니다. 바로 선수들에게 '이기는 전반전'을 경험하게 한다는 것인데요.

아무리 체력이 좋은 선수도 후반전이 되면 체력이 고갈되고 다리가 천근만근이 되면서 뛰는 게 힘들어지는 건 마찬가지라고 해요. 하지만 그 힘든 순간을 이겨내고 계속 열심히 뛰게 하는 건 '나는 이기는 경기를 하는 선수다', '우리 팀은 이미 우세다'라는 초반 성취감이라는 것이죠.

우리 아이들도 마찬가지예요. 안 그래도 아이가 영어에 대한 호감이 약하디 약한 영어 환경 초기에 엄마의 따뜻한 반응과 칭찬으로 꼭 작은 자신감을 자주 심어주세요. 조금 어려운 소리라도, 조금 수준 높은 소리라도 더 자신 있게 흡수하고 소화하려는 태도로 연결됩니다.

즉문즉답이 필요한 환경 피하기

위 두 상황이 유의미한 영어 소리의 흡수를 돕는 방법이라면, 이 사례는 영어 소리 흡수를 방해하는 상황인데요. 바로 영어를 편안하고 즐거운 소리로 누려야 할 아이들에게 즉답을 요구하는 질문과 분위기를 조성하는 것입니다.

이건 아직 음식을 잘게 부수고 찢을 치아가 없는 아기에게 고깃덩어리를 먹으라고 주는 것과 마찬가지입니다. 가령 네 살 아이를 데려다 놓고, 책의 줄거리를 설명해 보라거나 그다음 내용이 무엇일 것 같은지 추측해 보라는 식으로 묻는 것이죠. 보통 이야기의 인과관계를 이해하는 것은 만 4세부터 가능한데 말이에요.

당황스러운 질문에 아이는 강압적인 분위기를 느끼고, 소리를 유의미하게 흡수하는 본능을 발휘하지 못하게 됩니다. 그러니 아이가 충분히 그림 한 페이지를 세세히 살펴보며 충분히 뜯고 씹고 맛보며 소화할 수 있도록 자유로운 분위기를 조성해 주세요.

영어환경
만들기 전 세팅

물리적 환경, 거실 점검하기

우리는 집에서 하는 교육을 위해 별다른 환경을 만들어야한다고 생각하지 못합니다. 하지만 우리가 아이들에게 영어 환경을 만들어 주는 곳은 가정이라 할지라도 '교육장'이고 '교실'입니다. 비싼 교재를 들이고 최고급 교구를 쓰자는 말이 아니에요. 영어 환경 유지를 위한 기본적인 세팅이 최소한의 투자를 통해 이루어지면 엄마의 개입 없이 수월하게 진행되는 부분이 참 많다는 이야기입니다.

배경음악 전용 스피커

노래로 만드는 환경에서 아이들의 듣기량을 가장 많이 담당할 부분은 바로 '배경음악'입니다. 이 중 엄마의 역할은 '틀어주기'가 대부분이 되는데요, 이 틀어주기 단계에서 이미 엄마의 진이 빠져버린다면 환경이 지속되기가 힘듭니다. 이때 엄마의 배경음악 틀어주기를 수월하게 해 주는 도구로는 AI 스피커, 영어 노출용으로 할당한 태블릿, CD가 편하신 분이라면 전용 플레이어 등이 있습니다.

영상 노출 전용 기기

'영상 노출은 당연히 TV로 하는 거 아니야?' 하고 생각할 수 있지만 아이가 한 명 이상 있는 집이라면 특히 전략이 필요합니다.

먼저 TV는 한국 프로그램이 나오지 않는 상태라면 가장 좋습니다. 큰 화면으로 보는 것이 아이들의 시력 보호나 자세에 이점이 있기 때문에 핸드폰이나 태블릿 미러링도 추천해 드립니다. 넷플릭스, 디즈니 플러스 등과 같은 OTT 서비스를 구독하시는 경우에는 더 편리하게 활용할 수 있겠죠?

형제자매가 있는 집이라면 어린아이에게 큰 화면을 내주고 첫째에게 컴퓨터 모니터 같은 화면을 마련해 주면 가장 좋습니다. 최소 태블릿 화면 크기는 확보하고 핸드폰 시청은 지양합니다.

전면 책장

혹시 집에서는 책을 절대 안 읽는 아이가 서점이나 도서관에 가면 마치 책을 좋아하는 아이인 양 신나게 책을 뽑아 들고 와서 읽어달라고 하지는 않나요? 이는 물론 새 책, 처음 보는 책이 많아서인 경우도 있지만 책이 진열된 방식 때문이기도 합니다. 즉, 어떤 방식으로 책이 진열되어 있느냐 하는 것도 큰 변수가 된다는 말입니다.

아이들은 책 표지의 그림과 색상 배치를 보고 책에 흥미를 느낍니다. 하지만 현재 집의 상황을 한번 생각해 보세요. 커다란 책장에 책등만 보이게 빼곡히 꽂혀 있지 않나요? 아이에게 책 표지가 노출되는 경우는 거의 없죠. 이런 상황에서는 책에 관심 있는 아이라고 하더라도 책을 뽑아 올 가능성은 매우 적습니다.

이럴 때는 한 달 주기로 서너 권의 책을 집중적으로 노출한다는 생각으로 책 표지가 보이게끔 전면 배치를 해 보세요. 꼭 새로운 전면 배치용 책장을 사지 않아도 기존의 책장 한 부분을 비워 해당 책 몇 권만 표지가 보이도록 배치하는 것도 방법이 됩니다.

또한 아이들이 책을 어디에서 가장 잘 읽는지를 관찰할 필요가 있는데요. 아이들이 아지트처럼 생각하는 공간이 있을 수도 있지만, 주로 따뜻한 카펫이 깔려 있거나 본인이 좋아하는 의자, 책장이 있는 곳을 주로 선택합니다. 반대로 생각하면 책 읽는 공간을 포근하고 아늑하게 꾸민다면 읽기에 대한 아이들의 욕구를 자극할 수 있다는 의미가 되겠죠? 물리적인 환경이 우리 아이들에게 미치는 영향은 생각보다 더 큽니다.

가족 구성원 동의 구하기

한국어 영상을 겨우 배제하고 영어 환경 만들기에 본격 돌입했는데 간 크게 한국 TV 프로그램을 켜버리고, 아이가 영어 영상에 몰입해서 잘 보고 있는데 아무래도 못 알아들을 것 같다며 한글 자막을 친절하게 틀어주는 아버님들, 우리 집에 있지 않나요? 만약 그렇다면 울화가 치밀어 오를 거예요. 자녀 교육에 도움이 안 된다며 이미 고함을 버럭 내질렀을 지도요!

하지만 아빠도 억울한 구석이 분명히 있습니다. 아내와 아이들이 지금 어떤 이론적인 배경을 바탕으로 어떤 목표를 향해 가는지 들은 적이 없고 전혀 알고 있지 못하니까요.

앞서 우리가 만드는 영어 환경의 교육장은 바로 가정이라고 말씀드린 바 있습니다. 그렇기에 교육장 안에 속해 있는 구성원은 긍정적으로든 부정적으로든 이 환경에 영향을 미치게 되어 있습니다. 그러므로 모든 것에 선행되어야 하는 첫 번째 미션은 가족 구성원이 가정 안에 영어 환경을 조성하는 취지를 이해하도록 하는 것, 그래서 가족 모두 같은 배를 타고 같은 방향을 보게 하는 것입니다.

꼭 아빠나, 할머니 할아버지가 주된 역할을 맡아야 한다는 것은 아니에요. 하지만 엄마와 아이가 만들고 있는 영어 일상 루틴에 따뜻한 응원의 눈빛을 보내주는 것과 그렇지 않은 것에는 하늘과 땅의 차이가 있거든요.

유로네 집에서 사용 중인 영어 배경음악 전용 AI 스피커. 한번 세팅 해두면 아이들의 듣기량을 든든하게 담당해 준다. 영어 집안 환경 만들기를 한결 수월하게 만들어주는 일등 공신이다.

표지가 강조되도록 책을 전면 배치한 책장의 모습. 이렇게만 해주어도 책에 대한 아이들의 관심도는 쑥쑥 올라간다.

영어를 한답시고 아내와 아이가 한숨을 푹푹 쉬고 서로 노려보는 삭막한 장면에서 어느 순간 아내와 아이의 대화 사이에 웃음소리가 나고 아이가 영어를 만만해하며 아무 말이라도 내뱉는, 장면의 전환을 경험하면 아빠도 어떻게든 참여하고 싶어 할 겁니다. 이럴 때는 아이 아빠에게 아주 구체적인 미션부터 한 가지 줘보세요! 협조가 이루어진 상태에서는 의외로 말 잘 듣는 사람들이 우리 남편, 바로 아이 아빠입니다.

노출 도구별 환경 만들기 1:
노래 & 영상

노래로 만드는 영어 환경

노래는 언어를 가장 잘 흡수할 수 있게 하는 도구입니다. 특히 초기 환경에서요. 아이의 뇌는 언어의 리듬이나 강세 높낮이 심지어 음절까지를 노래를 통해서 가장 잘 흡수할 수 있게 세팅되어 있거든요. 또한 가장 효과적인 암기 수단이 됩니다.

우리도 어린 시절에 구구단 외울 때, 아니면 '한국을 빛낸 위인들'에 대해 알아볼 때 다 노래로 암기하지 않았나요? 그 많은 양도 노래로 하면 쉽게 외워지고 10년 20년이 지나도 무의식적으로 외워 부르게 되죠. 그게 바로 노래의 힘입니다.

언어는 결국 노출과 암기라고 이야기하는데요. 노래는 가장 효과적으로 암기하게 만들기에 영어 습득에서도 효자 노릇을 톡톡히 합니다. 그래서 노래의 중요성을 간과하지 않고 충분히 활용하는 것이 유로네 영어의 특징입니다.

자, 그럼 적용으로 들어가 볼게요. 앞서 잠깐 말씀드리기도 했지만 노래는 영어 노출 도구로서 단서가 부족한 편이라고 할 수 있습니다. 사실 노래만 들었을 때 어떤 그림이나 상황과 연결되거나 실물과 연결되지는 않으니까요. 하지만 엄마가 단서를 넣어줄 수는 있습니다. 바로 그 방법, 노래에 단서를 넣는 방법을 말씀드리고자 합니다.

무엇보다 노래는 어린 연령이라도 많은 시간을 활용할 수 있는, 온종일 틀어놓아도 좋은 착한 도구거든요. 특히 일상 대화만으로는 영어 노출량을 채워줄 수 없는 한국 가정에서는 반드시 활용해야 하는 도구입니다. 노래를 빼놓고는 부모 주도의 일상 영어 환경을 성공할 수 없다고 할 정도로 말이에요.

배경음악, 과연 효과가 있을까요?

영어 노래가 단서가 부족한 영어 노출 도구이다 보니 '배경음악으로 영어 노래를 틀어주는 것이 효과가 있을까?' 하는 의문이 들 수 있습니다. 결론부터 말씀드리면 있을 수도 있고 없을 수도 있습니다.

없는 경우는 극단적인 사례긴 하지만 배경음악을 틀어줬을 때 아이들이 이걸 전혀 의미 있는 소리로 받아들이지 않고 튕겨내는 경우입니다. 그럴 때는 효과가 있다고 말씀드릴 수 없습니다. 그럼 어떻게 하면 효과가 있을까요? 어떻게 하면 단서를 더 많이 넣어줘서 아이에게 의미 있는 영어 소리가 되게 할 수 있을까요?

이 '효과가 있다'는 말은 즉, 아이들이 배경음악을 들었을 때 영어 소리가 인식되고 그 소리의 의미가 유추된다는 뜻입니다.

조금 더 세부적으로 말하자면,

① 여러 번 들어서 익숙해져서 그 소리가 싫지 않고 잡음으로 들리지 않을 때

② 그 소리의 의미가 유추되어 유의미한 소리로 들어갈 때

③ 그 소리가 어떤 의미인지 정확히 모르지만 가사 내용이 실제 그림으로 연결이 될 때

효과 있는 소리가 됩니다.

특별한 도구 없이 엄마와 할 수 있는 방법

① 엄마와 같이 부르기 : 아이들이 제일 좋아하는 대상이 엄마이기 때문에 같은 노래라도 엄마의 목소리로 듣는 것은 의미는 전혀 달라집니다.

② 노래를 부르며 율동해 주기 : 노래 가사에 맞는 동작을 해 주는 것, 동작을 통해 아이들이 유추할 수 있는 단서를 넣어 주는 것입니다.

③ 루틴송 : 일상 대화를 상황별로 노래 불러주는 것. 예를 들어 있는 닦을 때는 "Brush your teeth up and down" 청소할 때는 "Clean up clean up everybody clean up" 아침에 일어나서 침대 정리할 때는 "This is the way we make your bed" 하는 식으로 상황에 맞는 노래를 불러주는 것
입니다.

루틴송 적용 자료

이것이 왜 효과가 있는지 말씀드리면,

① 아무런 의미가 없는 소리에서 일상의 상황과 연결되어 유입되기 때문에 유의미한 소리로 바뀝니다.

② 양쪽의 부담을 줄여주면서 일상의 대화를 할 수 있는 방법입니다. 노래라는 매개가 없으면 엄마가 일상 대화를 해 주는 것이 부담스럽고, 아이도 엄마가 갑자기 영어라는 일상 대화를 아이한테 시도하면 받아들이기 힘든 경우가 많습니다.

③ 루틴 세팅에 효과적입니다. 일상에서 계속 반복되는 일과를 노래와 연결해 버리기 때문에 잊어버리고 안 하기 힘들고 매일매일 무의식적으로 힘을 덜 들이고 해줄 수 있습니다.

④ 발화 유도에 효과적입니다. 영어 소리가 많이 쌓여도 의사소통의 경험이 없어서 발화가 안 되는 경우가 많습니다. 하지만 노래로 엄마와 의사소통하는, 언어의 가장 기본적인 기능을 체험함으로써 발화의 동기가 생기죠.

상황별 노래 적용 : 내 상황에 맞는 적용
① 엄마가 여유 있는 상황에서 불러줄 수 있는 노래 선택

ex) 워킹맘 아침 시간 피하기

② 엄마가 먼저 외우기(그냥 틀어주는 것 아님)

③ 맞는 상황에서 즐겁게 불러주기

④ 반복해 주기 → 아이가 외워서 부를 수 있는 수준까지

⑤ 멜로디를 빼고 시도해 주기 ex) Thank you Song

⑥ 다른 루틴송 얹어주기

엄마의 개입 없이 도구를 활용하는 방법

집안 영어 환경에서 이미 아이가 애착을 두고 있는 영상이나 책을 노래로 연결해 주어 단서를 제공하는 방법입니다. 영상을 예로 들면 아이가 현재 푹 빠져서 보고 있는 영상, 영화의 OST를 배경음악으로 활용해 주면 노래 가사의 뜻을 하나하나 다 알지 못하더라도 영상 속 장면이 연상되면서 단서가 제공되는 것이죠.

책도 아이가 현재 깊게 파고드는 책의 '리드 얼라우드(Read Aloud)' 음원을 배경음악으로 활용해 주면 소리만 들어도 관련 그림과 장면이 떠오르면서 유의미한 소리로 인풋이 됩니다.

연계 배경음악 활용 자료

영상으로 만드는 영어 환경

집안 영어 환경의 1층을 쌓는 또 하나의 도구는 영어 영상입니다. 우리 아이들이 모국어 방식으로 영어 발화가 되고 전용 회로를 갖추기 위해서는 충분한 영어 노출 시간이 전제되어야 합니다. 그리고 이 시간을 확보하는 일은 영어 영상과 노래를 잘 활용해야만 가능합니다.

상상해 보세요. 영어 놀이를 매일 하루에 한 시간 이상 지속하고, 엄마가 영어 그림책을 한 시간 이상 읽어준다? 이것이 가능한 것처럼 느껴지나요? 어쩌다 하루 마음먹고 해줄 수는 있겠죠. 하지만 우리의 집안 영어 환경은 완벽하고 화려한 밥상이 아니라 우리 아이의 연령별 성장에 필수적인 영양분을 챙겨주는 밥상, 소박한 차림이라도 꾸준히 유지해 줄 수 있는 밥상이어야 합니다.

검증된 내용, 살아있는 표현, 원어민 발음이 들어가 있는 효과적인 콘텐츠를 통해서 충분한 시간을 영어 소리로 채워주는 기반이 꼭 필요합니다.

	영상	노래	그림책	영어놀이
단서 많은 노출	√	×	√	√
부작용 없는 노출	×	√	√	√
편의성 높은 노출	√	√	×	×
상호작용하는 노출	×	△	√	√

위의 표는 성격을 정확히 알고 영어 영상 노출을 시작하기 위해 분류해 본 것입니다. 그래야 흔들림 없이 현명하게 영상을 활용할 수 있거든요.

영상은 여러 가지 노출 도구 중에서 단서가 풍부한 편이지요. 유의미한 인풋을 높이는 그림, 상황, 실물이 소리와 함께 노출되기 때문에 효과적인 도구라고 말씀드릴 수 있습니다. 하지만 이렇게 단서가 풍부한 도구라고 해도 부작용을 걱정하지 않고 제한 없이 노출해 줄 수 있느냐, 그렇진 않죠? 그래서 부작용에 대한 염려를 덜 수 있는, 건전한 콘텐츠로서 영상을 활용하는 방법을 소개하고자 합니다.

먼저 미디어를 노출할 때 우리가 참고할 수 있는 '미국 소아

청소년과 학회의 미디어 사용 권고사항'입니다. 세세하게 나뉘어 있진 않지만 연령별 분류에 따라 지켜야 하는 시간과 활용법이 있습니다.

출처 : 미국 소아과 학회

~18개월	18~24개월	만2~5세	만6세이상
모든 미디어 금지 영상통화만 허용	제한적 허용 컨텐츠 사전 검증 부모와 같이 시청	한시간 미만 시청 컨텐츠 사전 검증 현실세계 적용	시청시간 제한 컨텐츠 종류 제한 다른 필수 행동 방해 ×

<미디어 사용 권고사항>

위의 표를 보시면 먼저 18개월 미만의 아기의 경우(특히 둘째가 이 연령대에 있는 경우가 많아요)는 모든 미디어 사용이 금지됩니다. 단 한 가지 예외가 되는 것은 '영상통화'로 단호하게 명시되어 있어요. 아이가 18개월 미만이라면 최선을 다해 미디어에 노출되지 않도록 노력해야 할 분명한 근거라고 할 수 있겠죠.

그 다음 연령, 18개월에서 24개월 사이에는 제한적인 허용 그리고 반드시 보호자가 콘텐츠를 사전 검증해야 함을 명시하고 있고 부모가 같이 시청하기를 권고하고 있습니다.

만 2세에서 5세까지는 한 시간 미만의 영상 시청은 허용되는데요. 그래도 저는 아이가 36개월이 지났을 때부터 영어 환경을 본격적으로 만들어 주고 영상을 활용해 영어 소리 양을 채워주기를 권하고 있습니다.

영어 환경을 만들어 주기 시작할 때는 아이 대부분이 이 나이 대에 속하는데요. 이 연령의 아이들이 영상을 잘 본다고 해서 1시간 반 2시간을 넘기며 노출해 주면 안 됩니다. 영상 시청은 한 시간 미만으로 제한해 주는 것이 기본적인 수칙이 되어야 합니다. 그리고 콘텐츠 사전 검증은 더 어린 연령과 마찬가지로 꼭 필요한 부분이고요.

'영상에서 본 내용을 현실에 적용할 수 있게 해줘야 한다'는 권고사항은 아이가 영상에 매몰되어 현실과 영상 속 상황을 구분하지 못하고 영상에서 헤어 나오지 못하는 걸 막는 의미가 있습니다. 이 부분은 다음 섹션에서 자세히 설명할게요.

만 6세 이상은 어떨까요? 소아청소년과 학회에서 제시하는 정확한 시간은 없지만 시간과 콘텐츠는 분명 제한해야 한다고 말하고 있어요. 즉, 아이들이 엄마와 약속된 미디어 시청 시간과 종류를 넘지 않고 지키려는 습관을 계속 들여 나가야 한다는 것이죠.

여기서 눈여겨볼 것은 '다른 필수 행동을 방해하지 않을 것'이에요. 다른 필수 행동이란, 바로 아이들의 건강과 성장에 핵심이 되는 행동, 즉 균형 잡힌 식사, 충분한 양의 수면 그리고 하루 일정 시간 이상의 광합성도 포함되어 있어요. 다시 말하면 균형 잡힌 식사를 하기 위해선 식사 시간에 미디어를 노출하면 안 되고, 영어 노출 시간을 채우기 위해 영어 영상을 시청하느라 잠을 미루면서 충분한 양의 질 좋은 수면을 포기해서는 안 된다고 해석할 수 있어요.

물론 바쁜 일상에서 지킬 것을 다 지키며 언제 영어 영상 노출 시간을 확보할 수 있는 것인가 하는 의문이 들 수 있겠지만, 하루만 눈여겨봐도 필수 행동 이외에 의미 없이 흘러가는 시간이 많다는 걸 알 수 있을 거예요. 영상 노출은 바로 그 시간을 모아서 해야 합니다.

영상으로 울타리 만드는 법

아이들이 좋아하는 영상을 보게 한다고 해서 아이에게 주도권을 주면 안 됩니다. 처음부터 태블릿을 던져주면서 '네가 좋아하는 영상 마음대로 봐!' 하면 안 된다는 이야기입니다.

제가 엄마들과 상담하면서 가장 많이 듣는 고민 중 하나가 아이가 〈Peppa Pig〉를 보길래 태블릿을 넘겨줬더니 거기에서 연결되어 나오는 같은 자극적이고 건전하지 않은 영상을 보더라는 식의 이야기입니다. 그 후엔 어떻게 되었을까요? 아이들은 한번 그렇게 자극적이고 해로운 영상에 빠지게 되면 다시 건전한 영상으로 돌아오기 힘들어요. 뭘 봐도 시시하게 느껴지거든요.

손에 쥐어진 태블릿 PC가 아이들의 올바른 영어 영상 시청습관을 정착시키는 데 방해가 되는 복병이 될 수 있습니다. 절대로 태블릿을 던져주고 모든 주도권을 아이에게 주지 않는다. 이건 철칙으로 지켜야 합니다.

그렇다면 어떻게 콘텐츠를 활용해야 해야 할까요? 먼저 아이들에게 정서적으로 유해하지 않은 콘텐츠인지를 미국의 저명한 영상 평가 기관들, 가령 Common Sense Media 같은 기관의 폭력성, 선정성, 인종차별 또는 상업적 호도에 대한 평가를 모두 참고해서 목록을 만듭니다. 그리고 현지에서 쓰는 살아있는 표현이 들어가 있는지를 반드시 표시합니다.

아이들이 스펀지처럼 무의식적으로 흡수하고 그걸 다시 사용할 수 있는 그런 놀라운 능력을 갖춘 시기이기 때문에 조금 타협해서 아이들이 좋아하는 것, 즉 〈꼬마버스 타요〉의 영어판, 아니면 〈코코몽〉의 영어판 같은 콘텐츠 활용은 지양하고 있습니다. 이렇게 번역된 콘텐츠 말고도 아이들이 쏙 빠져서 볼 만한 좋은 현지 콘텐츠가 많으므로 이를 활용해 주기를 권합니다. 쉽게 말해서 현지에서도 또래 아이들이 즐겨볼 만한 콘텐츠인지를 기준으로도 점검하고 있습니다.

이렇게 1차 정리가 된 후엔 이차적으로 범위를 좁히는 작업을 해줄 수 있어요. 제가 분류해 드리는 영상 추천 리스트의 영상들에는 추천 연령이 포함되어 있긴 하지만, 이 한 가지 항목만으로는 아이가 흥미를 느끼고 몰입할 영상을 찾기는 힘들어요. 연령별 수준을 큰 범위로 두고 세부적으로는 아이 성향에 따라서, 현재 영어 노출 상황에 따라서 선택 범위를 좁혀야 합니다. 그리고 이것이 엄마 아빠의 역할이라고 말씀드려요.

이렇게 범위가 잡히고 난 뒤에는요? 이제는 키즈 카페에서처럼 아이가 해당 범위 안에서 마음껏 탐색하고 몰입할 수 있게 자유를 주시는 것이 유로스쿨의 영상 선정 방법입니다. 즉,

처음부터 주도권을 주는 것이 아니라 울타리를 안전하게 만들어 놓고 나서 아이가 탐색할 수 있도록 해 주는 것입니다.

영상 시청 방법(엄마의 역할)

이렇게 영상을 선정했다면 부모의 역할은 거의 끝난 것이나 마찬가지입니다. 왜냐하면 아이들이 영상을 시청할 때는 스스로 할 수 있는 부분이 생각보다 많기 때문입니다. 성인이 영상으로 공부할 때처럼 단어를 하나하나 해석해 주거나 한 구간을 무한 반복하며 그 구간 속 영어를 다 외울 때까지 보여주는 것이 아닙니다. 아이들은 이미 가지고 있는 능력으로 스스로 내용을 유추해서 언어 습득으로 이어가기 때문입니다. 이 프로세스가 여실히 적용되는 것이 영상입니다. 그래서 부모는 아이가 스스로 습득할 기회를 가질 수 있도록 방해하지 않는 것이 중요합니다.

예외적으로 처음 영상을 시작하는 아이들, 부모와 함께 보고 싶어 하는 아이들의 경우에는 함께 있어주어도 괜찮습니다. 엄마나 아빠가 옆에 앉아 있어 주기만 해도 아이들의 집중력이 좋아지는 것은 사실이니까요. 하지만 그럴 때 부모가 아이에게 단어를 직독 직해해 주고 제대로 이해했는지 질문 공세를 하는 것이 아니라 아이와 영화를 함께 보듯이 재미있는 부분은 같이 웃고 슬픈 장면에서는 같이 울면 됩니다. 학습적으로 개입하는 것이 아니라 영상이 아이와 함께 반응해 주지 못하는 부분을, 그 최소한의 상호작용을 부모가 해 주는 것입니다.

현실 적용법

영상 부작용은 주로 아이가 현실과 영상을 구분 못 할 정도로 영상에 너무 몰입하는 경우를 말하는데요. 이러한 부작용은 영상에서 본 내용을 현실에 대입해 보는 것, 가령 아이가 '〈Peppa Pig〉에 조지(George)가 나왔는데 학교 친구 누구랑 너무 비슷해' 이렇게 한번 부모한테 말하는 것만으로도 예방이 됩니다.

이렇게 아이가 현실로 꺼내주었을 때 부모는 열린 마음으로 반응해 주시는 것이 중요합니다. 영어가 아닌 한국말로 해도 됩니다. 저도 아이가 한국말로 이야기하면 한국말로 반응하고 있습니다. 그리고 부모가 아이와 함께 영어 영상 시리즈의 전편을 보지 않더라도, 영상에 등장하는 캐릭터의 특징에 대해서 대략 파악하고 있는 것이 도움이 됩니다. 그래야 아이가 이 야기를 꺼냈을 때 아이가 만족스러운 수준의 맞장구를 쳐줄 수 있기 때문이죠.

두 번째는 아이가 책을 보고 나서 독후활동을 하는 것처럼 거창한 게 아니더라도 그림을 한번 그려보거나 플레이도우를 한번 만들어보는 등의 활동으로 연결할 수 있게 해 주는 것입니다. 이때 부모의 역할은 재료만 준비해 주는 것이 됩니다. 부모가 미리 영상에서 본 부분이 이러저러하므로 이런저런 활동을 하자고 정하는 것은 아닙니다. 그런 식으로 매번 해줄 수도 없고 아이도 달가워하지 않아요.

아이가 영상을 보고 나서 자율적으로 재료를 선택해서 표현할 수 있게 기회를 줘보세요. 여기에 팁을 하나 추가해볼게요. 아이가 〈Paw Patrol〉을 너무 좋아한다면 '비지북(1만 원 초반대의 책 모양 상자 안에 작은 캐릭터 피겨랑 배경지가 함께 들어 있는 놀이도구)'을 하나 갖춰주세요. 어디든 들고 다니기도 좋고 장소에 구애받지 않고 역할놀이를 펼칠 수 있는 도구가 됩니다. 부모의 역할은 이런 재료를 준비해 주는 정도면 충분합니다.

건전한 습관을 만드는 법

우리 아이들은 영상 미디어를 피할 수 없는, 오히려 적극적으로 활용해야 하는 시대에 살고 있죠. 지금은 엄마가 아이가 볼 영상을 선택하고 관리할 수 있지만 아이는 커갈수록 스스로 어떤 콘텐츠를 시청할 것인지 선택하고 얼마나 어떻게 볼 것인지 결정하게 될 겁니다. 그때까지 부모가 관리할 수는 없는 일이고요. 그래서 부모가 만들어 주는 영어 환경 안에서 영상을 시청하는 동안 아이 본인이 좋은 콘텐츠를 보는 눈, 건전하게 시청하는 습관을 잡을 수 있게 미리 연습하는 것이 중요합니다.

영어 영상이니까 약속 시간보다 조금 더 보아도, 몇 번 예외를 두어도 괜찮겠지 할 수 있지만 장기적으로 보았을 때 그것은 아이의 건전한 영어 근육을 만드는 데 도움이 되지 않아요. 조금 힘들어도 조금 귀찮아도 약속을 지키는 힘을 기르는 게 아이의 영상 시청 전체 여정에 있어 단단한 토양이 됩니다.

이럴 때 활용할 수 있는 도구를 알려드릴게요. 아이들, 특히 어린아이들이 영상 시청 제한 시간을 지키고 싶어도 영상물을 보다 보면 어느 정도 시간이 지났는지 가늠하기 힘들어서 못

지킬 때 유용합니다.

첫 번째로 소개할 도구는 시간을 시각화해 주는 구글의 타임 타이머입니다. 10분이 어느 정도의 시간인지 감을 잡지 못하는 아이들에게 빨간색 영역 표시로 확실하게 인지를 시켜줍니다. 이 구글 타임 타이머를 사용하면 '시간이 얼마나 남았는지 모르겠어!'라는 말은 쏙 들어갑니다. 유로네의 경우 영상 시청뿐 아니라 수학 문제를 풀 때 마냥 늘어지는 경우가 많아서 이때에도 타임 타이머를 활용하고 있습니다.

두 번째는 영상을 본 횟수를 동그라미에 칠해 넣는 방법인데요. 아이들의 경우엔 짧은 호흡의 10분짜리 영상을 세 개 정도, 하루에 30분 보는 경우가 많으므로 이런 경우엔 세 개의 빈 원을 그려놓고 영상 시청이 끝날 때마다 아이 스스로 원을 채우게 하면 본인이 본 영상, 앞으로 남은 영상을 확실히 인지하게 됩니다. '나 안 봤어! 더 볼 거야!' 하며 떼를 쓰기 힘들어지죠. 본인이 직접 칠해 넣은 동그라미가 있어서요.

영어 영상을 시작해 보고 싶다면 다음 페이지의 추천을 참고해 보세요. 연령 특성에 따라 영상을 노출한다면 성공 확률이 확연히 높아집니다.

구글의 타임 타이머. 원하는 만큼 태엽을 감아서 시간을 설정하면 시간이 지남에 따라 빨간 면적이 실시간으로 줄어든다. 엄마가 '잔소리'하지 않아도, 아이가 스스로 영상을 보기로 약속한 시간이 얼마나 남았는지 인지할 수 있다.

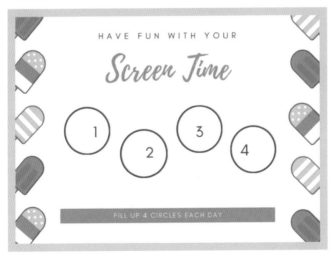

시간이 아닌 횟수로 약속했다면 이 방법을 활용할 수 있다. 정한 횟수만큼 빈 동그라미를 그리고, 영상을 한 번 볼 때마다 동그라미를 칠한다. 몇 번 봤는지 잊어버리거나 떼쓰지 않고 스스로 인지하고 조절할 수 있다.

연령별 영어 영상 추천

4세 이상 시작용

5-7세 시작용

초등 시작용

더 많은 연령별 취향별 영상 추천은 QR을 참고하세요!

연령별 영어 영상 추천

노출 도구별 환경 만들기 2 :
그림책

그림책은 읽기 독립, 문해력과 직접적인 연관이 있어서 엄마들 대부분이 관심이 많고 특별한 의미를 부여하는 도구입니다. 여기에서는 초기 환경에서 그림책을 어떻게 소개하고 활용해야 하는지 말씀드리려고 합니다. 먼저 초기 환경에서의 목표, 초기 환경에서의 방법에 확신을 두려면 읽기 전반의 여정과 어떻게 연결이 되는지 살펴볼 필요가 있습니다.

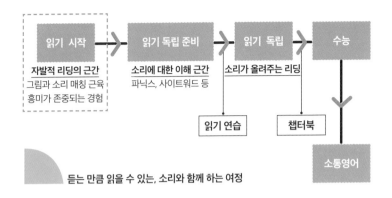

듣는 만큼 읽을 수 있는, 소리와 함께 하는 여정

읽기 로드맵

읽기는 우리를 평생 우리를 따라다니는 행위입니다. 성인이 되어서도 지식을 얻고 위로를 얻고 취미 생활이 되기도 하는 활동이기에 첫 단추를 잘 끼우는 것이 정말 중요합니다. 도표의 빨간 박스에 해당하는 부분이 이 단계입니다. 우리 아이들이 평생 책 읽기를 행복해하고 책을 친구처럼 생각하게 될지 아니면 학습의 도구로 의무적으로 읽으며 힘들게 여길지는 이 시기에 결정됩니다.

빨간 박스로 표시된 읽기 시작 단계에서는 아이가 반드시 경험해야 하는 두 가지가 있습니다.

첫 번째, 아이가 그림책을 보는 방식과 흥미, 속도가 존중되어야 합니다. 처음 소개받은 책에서 이에 대한 신뢰가 생기면 아이는 나머지 과정에서도 책을 가까이하게 되고 자발적으로 찾게 됩니다.

두 번째는 소리와 그림을 매치하며 의미를 유추해 나가는 연습을 하는 것입니다. 아직 문자를 읽을 수 있는 단계가 아니기에 부모가 책 읽어주는 소리를 들으며 본인이 인식할 수 있는 그림을 힌트로 내용을 유추하게 되는 것이죠. 이 부분은 독해 능력과 밀접하게 연결됩니다.

두 번째 단계인 읽기 독립 준비를 시작하면 아이는 파닉스*등을 접하게 됩니다. 읽기 시작 단계에서 영상 및 노래 등을 통해 소리를 충분히 접하고 소리에 대해 유추해 본 아이들은 이 과정을 수월하게 거치게 됩니다. 결국 파닉스는 소리와 문자가 어떻게 연결되는지 그 규칙을 파악하는 작업이니까요.

사이트 워드*와 파닉스를 했다고 해서 바로 읽을 수 있는 건 아니죠? 읽기 연습을 거치게 됩니다. 이때 첫 단계에서 소리를 충분히 들으며 부모와 깊게 소통하는 책을 경험했던 아이들

---

*파닉스: 파닉스(Phonics)는 글자를 보고 그 소리를 이해하여 단어를 읽고 쓰는 능력을 기르는 방법입니다. 간단히 말해서, 파닉스는 글자와 소리의 관계를 배우는 것입니다. 예를 들어, 'c'는 /k/ 소리를 내고, 'a'는 /æ/ 소리를 내며, 't'는 /t/ 소리를 냅니다. 이 글자들을 조합하면 'cat'이라는 단어를 읽고 쓸 수 있게 됩니다.

은 별도의 교재나 빡빡하게 설정된 진도가 필요하지 않습니다. 초기 단계에서 부모와 다양한 방법으로 책을 읽으며 자연스럽게 그림에 해당하는 소리를 외우게 됩니다. 때문에 외운 것을 바탕으로 소리와 문자의 규칙을 찾아가며 읽기 연습을 할 수 있어요. 따라서 책도 부모와의 따뜻한 추억이 담긴, 첫 단계에서 봤던 쉬운 책들을 활용하게 되고요.

읽기 독립이 이루어진 이후에는 비로소 독서량이 폭발적으로 늘어나게 됩니다. 읽기 시작 단계에서 본인의 흥미와 책 읽는 속도가 존중받는 경험을 했기에 이제는 본인의 흥미와 속도를 본인이 맞춰가며 피치를 올릴 수 있게 됩니다.

이때는 아이의 수준과 흥미에 맞는 책을 공급해 주는 일이 부모의 역할입니다. 하루에 네다섯 권씩 읽어 내는 무서운 속도를 맞춰줘야 하니까요.

챕터 북* 읽기에 들어가면 어른들도 쉽지 않은, 한 페이지를 빼곡하게 채운 작은 글씨를 보며 미간을 찌푸리기도 하고 박장대소하기도 하면서 읽어 내려갑니다. 이런 장면이 가능한

---

* 사이트 워드: 사이트 워드(Sight Word)는 텍스트에 자주 등장하는 어휘군 입니다. 아이들이 한 눈에 찍듯 보고 바로 인식할 수 있도록 외워야 하는 단어들입니다. 이 단어들은 소리 내어 읽는 것과 동시에 즉시 알아보고 이해하는 것이 중요한데, 영어에서는 파닉스 규칙에 잘 맞지 않아 소리 내어 읽기 어려운 경우가 많기 때문입니다. 또한 일상적으로 자주 등장하는 단어이기에 읽기 능력 향상뿐 아니라 말하기 등 영어의 기초 어휘로도 작용합니다.

이유는 글씨를 읽으면 그림이 연결되고 소리가 지원되기 때문이죠. 이런 리딩이 가능한 아이들은 영화 버전보다 챕터 북이 더 흥미진진하다고 말하기도 합니다.

수능 단계에서는 어떨까요? 요즘은 부모 세대의 수능 때보다 더 긴 지문을 빨리 소화해 내야 하는 능력이 요구되는데요, 이럴 때 읽기 시작 단계에서부터 쌓아온 '의미 유추 능력'은 큰 힘을 발휘합니다.

직독 직해 트랙으로 모든 단어의 뜻을 찾아가며 독해하는 습관을 들였던 경우엔 지문에서 모르는 단어가 나오는 경우 그리고 그 단어가 본인이 알고 있는 사전의 첫 번째 뜻과 매치되지 않는 경우 패닉 상태에 빠지게 됩니다. 더는 독해할 수 없게 되는 것이죠. 하지만 '의미 유추 근육'이 있는 아이들은 이 상황이 자연스럽습니다. 주어진 단서를 통해 모르는 단어의 의미를 유추하는 작업을 수없이 해왔으니까요. 전문가의 할아버지라고 해도 모르는 단어가 나올 수밖에 없는 수능에서 어떤 트랙을 거친 아이가 지문을 잘 풀어낼지는 말씀 안 드려도 잘 아시

---

* 챕터 북: 챕터 북(Chapter Book)은 여러 개의 장(챕터)으로 나뉘어 있는 책을 말합니다. 보통 7세에서 10세 사이의 어린이들이 읽기 시작하는 책으로, 그림책과 소설책의 중간 단계에 해당합니다.

겠죠?

한 문장으로 정리하면 영어 읽기는 영어 소리가 들리는 만큼 읽을 수 있는 특성이 있습니다. 따라서 소리와 함께 성장하는 여정이라고 말씀드리고 싶습니다. 그리고 읽기 시작 단계에서 소리를 얼마만큼 이해하고 시작하였는지가 나머지 여정을 크게 좌우합니다.

읽기 시작 단계에서 부모 역할 : 그림책을 도구로 아이와 놀기

읽기 시작 단계에서의 목표는 다독 요즘 흔히들 하는 100권 읽기, 1천 권 읽기가 아니에요. 아이들과 그림책을 도구로 소통하고 노는 것, 그것을 통해서 '그림책이 재미있는 것이구나, 내 흥미를 존중해 주는 것이구나' 느끼게 하고 책을 친구로 만들어 주는 것이 이 단계의 가장 중요한 목표입니다. 그렇다면 어떤 방식으로 읽어야 할까요?

아이가 원하는 페이지, 속도를 존중해 주기

우리 어른들의 방식은 처음부터 끝까지 쭉 읽어야 한 권 제대로 읽었다고 말할 수 있지만 우리 아이들, 특히 36개월 미만의 나이일수록 그렇지 않아요. 부모가 책을 읽어줄 때 멈추게 하는 아이들도 많을 거고, 한 페이지에 시간을 엄청나게 쏟는 아이들도 많을 거예요.

부모로서는 너무 답답하고 이해가 안 될 겁니다. 빨리 다 읽고 체크하고 자야 하거든요. 하지만 그 방법은 이 시기, 이 연령대의 아이들에게는 책을 읽는 가장 본연의 방법입니다. 한 그림, 한 장면에 꽂혀서 파고들고 이해하려고 하고 실랑이를 벌이면서 그림책을 해석한다는 것이죠. 그렇기 때문에 아이들이 영어책을 보며 한 페이지에서 몇 십 분을 투자해도 묵묵히 기다려주고 존중하는 것이 가장 효과적인 리딩 방법이 됩니다.

그림을 중심으로 읽어주기

이 시기의 아이들 대부분은 아직 문자를 못 읽죠. 설령 문자를 읽는다고 해도 그림에 더 시선이 많이 가는 게 아이들의 읽기 방식입니다.

EBS 다큐멘터리 〈당신의 문해력〉에서도 재미있는 실험을 했어요. 어른들과 아이들을 그룹으로 분류한 다음, 정말 큰 그림책을 대형으로 비치한 연구였는데요. 아이들과 어른들의 시선이 각각 어디에 머무는 지 실험했는데 결과는 예상대로 아이들의 시선은 다 그림, 어른들의 시선은 다 문자에 머물렀습니다.

그림을 중심으로 읽어줘야 아이들의 흥미와 눈높이를 맞출 수 있다는 것이죠.(특히 만 3세 이전에요.) 이때 필요한 팁은 '세부 리딩 팁'에 정리했습니다.

같이 소리를 내고 동작하고 웃는 것

처음부터 끝까지 다 읽지 못했더라도 함께 감정을 나눈 경험! 이것이 공유되었다면 그날의 리딩은 성공입니다! 그렇다면 이렇게 아이와 놀고 소통하는 부분이 과연 우리 아이들에게 어떤 효과가 있을까요? 놀기만 하고 끝나는 것이 아닌가 싶을 수 있습니다. 그러한 의문을 해소해야만 이 방법에 확신을 가질 수 있기에 효과 부분을 정리했습니다.

읽어주기의 효과

소리 유추 근육 생성

아이들은 그림에 매치되는 소리를 들으며 텍스트 없이도 소리의 의미를 유추하는 과정을 거칩니다. 이 과정이 중요한 이유는 수능을 볼 때도, 그 이후 진짜 영어를 써야 하는 사회에 나온 뒤에도 아이가 모든 상황, 모든 단어를 다 알고 있기란 불가능한 일이기 때문입니다.

우리를 예로 들면 가장 쉽습니다. 의미를 유추하는 훈련이 덜 되어 있고 직독 직해 방식에 길든 우리 세대는 어떤 문장을 접했을 때 단어의 뜻, 더 정확히 말하면 사전의 첫 번째 뜻과 어긋나는 문맥이 나오면 바로 식은땀이 나고 패닉 상태가 됩니다. 하지만 한국말은 어떤가요? 어쩌다가 아주 생소한 말이 나와도 전체적인 문맥 안에서 대략의 뜻을 유추하고, 그 유추한 결과가 맞아 들어가는 일상을 살고 있죠? 바로 그 부분입니다!

아이들은 직독 직해하지 않고 그림과 소리, 또 엄마가 더 얹어주는 단서로 의미를 유추하며 이 근육을 만들게 됩니다. 그리고 이렇게 만들어진 근육은 아이의 영어 여정 내내 값진 자산이 되어줍니다.

문해력의 근간

문해력은 평생을 쌓아야 하는, 한 존재를 사회에서 제구실하는 사회 구성원으로 만들어내는 근간입니다. 우리가 조명해 볼 부분은 꼬마 문해력, 즉 문해력의 기반을 다지는 부분인데요.

음운(소리를 구분하는 가장 기본 단위)을 인식하는 것을 통해서 문해력의 근간을 마련한다는 것은 여러 연구에서 입증되었습니다.

음운 인식이 잘 안 되는 아이에게 내려진 처방은 엄마가 소리를 낼 때 말놀이처럼 바꾸기도 하고 자동차나 트랙터 소리 같은 소리에는 진동을 이용해서 '드드드드' 하며 소리 놀이를 해주는 것이었습니다. 이렇게 몇 주, 한 달 동안 이 같은 소리 놀이가 이어졌을 때 아이들의 음운 인식 능력이 도드라지게 향상되는 모습이 보였다고 합니다. 그렇기 때문에 우리가 지금 소리를 가지고 놀이를 하며 읽어주는 방식은 그냥 즐겁게 끝나는 부분이 아니라 문해력의 근간이 다져지는 과정입니다.

문해력이라고 하면 문자만 생각하기 쉽지만 소리가 탄탄한 바탕이 되어야 하고 아이들이 소리의 차이와 공통점을 구분해낼 수 있는 음운 인식이 먼저 되어야 한다는 것입니다.

리딩에 대한 호의적인 인상(홈런 책)

나이에 맞는 책, 아이가 일반적으로 좋아하는 책이 있지만 그중에서도 엄마가 아이의 현재 관심사와 성향을 정확히 알기에 그 범위 안에서 고르는 역할을 해줘야 하는데요. 일례를 들자면 책에 전혀 관심을 안 보이던 한 미국 여자아이가 있었어요. 초등학교 고학년인 아이였는데 그 아이는 어떤 책 딱 한 권을 접하고 나서 책에 대한 인상이 완전히 달라졌고, 책을 좋아하는 아이로 바뀌었다는 이야기입니다.

이건 『읽기 혁명』이라는 책을 쓴 학자 크라센이 언급한 사례인데요. 자세히 설명하자면, 그 아이는 잡지 《Reader's Digest》 속 연애 상담 코너에서 자신과 비슷한 고민을 하는 사연과 그에 대한 답을 읽고 놀랐다고 해요. 그동안 아이에게 책이란 공부를 위한 도구이거나 자기 흥미와는 먼 이야기가 담긴 텍스트 뭉치였을 뿐인데 그 잡지에서 자신의 고민이 투영된 텍스트를 직접적으로 경험한 겁니다.

아이는 이 강력한 경험을 계기로 책에 대한 인상 자체가 바뀌었다고 합니다. 크라센은 이런 책을 '홈런 책'이라고 표현합니다.

혹시 우리 아이가 현재 영어 그림책을 거부하고 있거나 영어책 읽기를 학습으로 느끼고 있다면 이런 경험을 하게 해 주세요. 분명히 우리 아이도 자기만의 '홈런 책'을 만나게 되면 자발적으로 책을, 영어책을 찾게 될 겁니다.

좋은 책 고르는 팁

영어 고유의 리듬 표현 문화 담긴 책

좋은 그림책 작가들은 책 한 권에 우주를 담는다는 표현을 합니다. 그만큼 캐릭터, 전개, 표현, 리듬, 그림체 등에 영혼을 갈아서 넣는다는 말씀이죠. 하지만 한국에서 만들어진 영어책 전집은 문화, 고유의 리듬을 담기기엔 역부족일 수 있습니다.

특정 작가나 기관을 비판하는 것이 절대 아닙니다. 그림책의 언어를 원어로 쓰는 사람만이 그 언어가 가지는 고유의 특성을 살려 우주를 담을 수 있다는 뜻입니다.

최승호 작가의 〈말놀이 동요집〉을 만약 외국 출판사에서 원어민이 아닌 사람이 쓰고 한국 사람이 감수했다면 우리말의 감칠맛과 놀이 요소를 이처럼 잘 살릴 수 있었을까요?

굳이 이렇게 까다롭게 그림책을 선정해야 하는 이유를 반문하실 수 있습니다. 하지만 언어를 스펀지처럼 흡수하는 결정적 시기에는 퀄리티를 타협하지 않았으면 하는 바람입니다. 초등학교 고학년만 되어도 그림책에 여유 있게 흠뻑 젖을 여유가 생기지 않기 때문입니다. 그렇기에 엄마와 아이가 한국에서 시간과 에너지를 따로 들여 소통하는 그림책은 좋은 요소를 다챙길 수 있는, 까다롭게 선정된 그림책으로 노출이 되었으면 좋겠습니다.

아이의 흥미를 붙잡을 수 있는 책

제아무리 권위 있는 상을 탔거나 저명한 작가의 책이라 해도 아이의 흥미를 붙잡기에 역부족이면 리딩 진행이 쉽지 않겠죠. 아이의 관심사(자동차, 공룡, 공주) 및 기호(대담한 색채의 그림 선호, 적극적인 개입을 유도하는 전개 선호)를 기본적으로 고려하겠지만, 연령별 특성도 선택의 주요한 기준이 된다고 생각합니다.

가령 영유아기의 아이들 경우 Karen Katz 시리즈를 좋아할 확률이 매우 높습니다. 친숙하고 따뜻한 그림책, 노래처럼 운율이 경쾌한 텍스트, 플랩 형식의 자연스러운 개입 유도 등의 이유가 작용하겠지만 이 시리즈의 주제가 엄마와 까꿍 놀이, 몸 탐색(신체 부위), 가족에 대한 관심(할머니, 할아버지, 아빠, 엄마) 생일파티, 배변 훈련, 수면 의식 잡기 등 아이가 현재 가장 관심 있어 할 만한 주제이기 때문이죠.

반대로 이야기하면 초기 노출에 이 책이 좋다고 추천을 받았다고 해서 7살 때 영어를 시작하는 아이에게 들이대면 책 주제에 전혀 흥미를 못 느끼는 게 어쩌면 당연한 일이겠죠?

아이에게 단서를 풍부하게 제공하는 책

실전편을 시작하며 유의미한 소리의 개념을 소개해 드렸죠. 그림책에 적용해 보면 아이에게 유의미한 소리로 인풋이 되어 언어 습득으로 이어지기 위해선 아이가 책 속에 있는 모든 단서를 활용해 스스로 의미를 유추할 수 있어야 한다는 것인데요. 엄마가 책을 읽어주는 초기 단계이기에 엄마의 목소리나 동작 등을 통해서 단서를 풍부하게 해줄 수 있지만 책 자체에 단서가 이미 풍부하게 녹아 있는 책이 있습니다.

〈Go Away! Big Green Monster〉 같은 책은 텍스트에 따라 페이지를 넘기며 읽어주기만 해도 몬스터의 눈코입이 하나씩 생겼다가 없어지는 과정이 그림으로 직관적으로 표현되기 때문에 의미에 대한 유추가 비교적 쉬운 책입니다. 이런 책으로 시작한다면 아이뿐 아니라 영어책 읽기가 내심 부담스러운 엄마들에게도 리딩이 한결 수월한 일이 되겠죠?

리딩 팁 ① 기본자세

한 권을 정성스럽게

다독이 아니라 한 권으로 씹고 맛보고 즐기는 것을 권합니다. 처음에 읽어줬을 때는 한 페이지에 집중했다가, 아이가 또 그 책을 뽑아 오면 다른 페이지를 같이 보는 거죠. 그 다음에는 텍스트를 더 많이 읽어줄 수도 있고, 노래로 불러주거나 텍스트를 바꿔 읽는 등의 방법을 통해 아이의 개입을 유도하거나 책과 연계된 활동을 할 수 있습니다. 이렇게 한 권을 다양하게 체험하는 것이 목표입니다. 즉, 한 권의 깊은 소통이 있는 책을 지향합니다.

책 읽어주기 전에 책 미리 소화하기

부모가 미리 읽어보고 아이에게 어떻게 읽어줄지 고민해 보고 준비해 두면 좋습니다. 일주일에 여러 권의 책을 읽지 않아도 좋습니다. 잘 준비한 책 한 권은 여러 권을 읽는 것과 같은 깊이와 효과가 있습니다.

미리 책에 대해 인터넷을 통해 검색해서 작가의 의도를 파악하고, 모르는 표현이나 단어를 알아두고, 어떤 동작과 표정으로 읽어줘야 하는지 미리 연습해 보는 것입니다.

이렇게 준비하면 아이가 영어 그림책을 뽑아왔을 때 긴장과 두려움은 줄고 자신감이 생길 수 있습니다. "그래, 드루와!" 하면서 우리 한번 즐겨보자 하는 여유가 생긴다는 것이죠.

이렇게 내가 숙지하고 소화한 책은 내 영어 그림책 포트폴리오가 되어 두둑한 배짱의 기반이 되고, 부모가 주도적으로 아이의 영어를 이끌어 가는 과정 전체에 자신감이 붙는 선순환이 일어납니다.

리딩 팁 ② 유의미한 소리를 들려주자

한마디로 정리한다면 우리 아이들이 영어 그림책 내용을 더 잘 유추할 수 있도록 단서를 넣어주는 일입니다. 평면적으로 스크립트만 읽어준다면 아무리 쉬운 책이라 할지라도 내용 파악이 어려울 수 있습니다. 단서를 풍성하게 넣는 세부 팁, 공유합니다!

손가락으로 짚어주기

텍스트를 읽어줄 때 그냥 죽 읽어주면 지금 읽어주는 부분이 어디인지 알기 힘듭니다. 『From Head to Toe(Eric Carle)』를 예로 들면 표지의 제목을 읽어줄 때 'Head' 부분에서 머리를 짚어주고 'Toe'에서 발가락을 짚어주면 아이가 한국말 설명 없이도 소리의 뜻을 유추할 수 있는 힌트가 생긴다는 것이죠. 이것만 해주서도 이해력 수준이 확연히 달라집니다. 가장 기본이 되고 가장 많이 쓰이는 팁입니다.

두 번째로는 손가락에 캐릭터를 부여하는 방법입니다. 엄마가 책을 읽어도 보는 둥 마는 둥 관심이 없는 아이들에게 특효약입니다. 캐릭터를 부여하는 것은 간단합니다.

검지에 웃는 얼굴을 하나 그려 넣어주고 이름을 붙여줍니다. "Hi. I'm Lilly, Who are you?" 하면서 아이에게 말을 거는 것이죠. 그럼 아이의 시선이 손가락에 고정됩니다. 그리고 그 손가락과 책을 같이 읽어 나가게 됩니다.

예를 들어 『The Giving Tree』의 'He would climb up the trunk'라는 부분에서는 손가락으로 그림의 나무 기둥을 따라 올라가고 'and eat apples'에서는 손가락으로 나무의 사과를 하나 뚝 따며 아이에게 한 입 먹어보라고 시늉을 합니다. 이렇게 책의 그림을 무대로 작은 손가락 연극을 펼치는 것입니다.

아이들은 이처럼 생동감 있게 펼쳐지는 연극을 통해 한 편의 영화를 보는 것보다 더 깊이 빠져들게 될 거예요. 아이가 이해할 수 있는 수준보다 조금 더 높은 책을 골라 와도 이렇게 풀어주시면, 아이가 어렵다는 편견 없이 몰입할 수 있습니다.

동사는 동작하며 읽어주기

그림으로 표현하기 가장 힘든 품사는 무엇일까요? 바로 동사입니다. 역동적으로 움직이는 3D 품사를 평면에 담아내기엔 역부족이죠. 하지만 걱정하지 마세요. 우리의 간단한 동작 하나가 그림책에 생명을 불어넣습니다.

『My Dad (Anthony Browne)』으로 예를 들어볼게요. 'He can wrestle with giants'에서는 아이와 함께 침대에서 레슬링을 하며 뒹굴어 보세요. 'He can jump right over the moon'에서는 베개를 달 삼아 풀쩍 뛰어넘는 시늉을 해보시구요. 그리고 'and walk on a tightrope'에서는 외줄타기 장인처럼 아슬아슬하게 하늘을 걷는 시늉을 해주시면 됩니다.

또 『Are You Ready to Play Outside? (Mo Willems)』에서는 제럴드와 피기가 신나게 놀 궁리를 하고 있는데, 비가 한 방

울씩 쏟아지기 시작합니다. 여기서 'It is raining'은 손으로 비가 내리는 동작을 부드럽게 해주세요. 비가 억수같이 쏟아지는 'It is pouring'은 양손을 위아래로 흔들면서 큰 목소리로 텍스트를 함께 읽어주세요. 아이들은 이 부분에서 손을 휘저으며 웃음이 터지곤 합니다.

이 리딩 팁은 제가 유하와 로하, 그리고 유로스쿨 아이들에게 사용하는 방법입니다. 아이들에게 입체적인 단서를 제공하여 이해도를 높이고, 직접 동작을 해보며 책과의 연결고리를 강화할 수 있습니다. 책을 단순히 종이가 아니라 살아있는 놀잇감으로 경험하고 인식할 수 있는 효과가 있습니다.

형용사는 과장해서 읽어주기

『Hooray for Fish (Lucy Cousins)』에는 다양한 모양의 물고기가 형용사로 표현됩니다. Scary Fish를 읽을 때는 표정을 무섭게 하고, Hairy Fish에서는 머리를 헝클어트리는 정도만 과장해 줘도 아이들의 흥미가 치솟습니다.

『My Mum and Dad Make Me Laugh (Nick Sharratt)』에서는 점박이 모양에 푹 빠진 엄마와 줄무늬에 푹 빠진 아빠가

나옵니다. 이때 'spotty'는 손가락으로 아이의 몸을 콕콕 찍어 점을 표현하고, 'stripy'는 다섯 손가락을 세워서 목에서 아랫배까지 쭉 선을 그리듯 내려주세요. 그러면 아이들은 spotty와 stripy를 절대 잊지 못할 거예요.

영어가 유창한 것이 아이들의 흥미를 끄는 것이 아니라, 엄마가 연극배우처럼 과장되게 읽어주는 것이 아이들의 흥미를 더 집중시킵니다. 유튜브나 SNS 라이브 방송에서 하는 것이 아니라 우리 아이들만 보는 무대에서만 하는 일이니 할 수 있습니다! 아이들은 엄마의 모든 것을 수용해 주는 관객이 되어주기 때문입니다.

의성어와 의태어 반복해 주기

책을 읽어주면 독후활동을 별도로 해줘야만 내용이나 영어 표현이 아이한테 깊숙이 흡수될 것 같고 아이의 표현을 끌어낼 수 있단 생각이 들죠? 하지만 책을 읽는 도중에 아이가 적극적으로 참여할 수 있도록 유도해 주는 것만으로도 같은 효과를 낼 수 있습니다.

가장 손쉽게 사용할 수 있는 팁은 의성어와 의태어를 적극적으로 활용하는 것인데요. 이 방법은 특히 영어를 전혀 알지 못하고 아직 이해가 느린 영아들에게도 적용할 수 있습니다. 동물이 등장하는 책이라면 강아지가 나올 때 'Woof Woof!' 고양이가 나올 때 'Meow!' 개구리가 나올 때 'Ribbit Ribbit' 같은 소리를 써주는 것이죠.

동물 하면 가장 먼저 떠오르는 책이 있죠. 『Brown Bear, Brown Bear, What Do You See? (Eric Carle)』인데요, 이 책도 그냥 텍스트만 읽어주시는 것보다 곰이 나오면 'Grrrrr' 새가 나올 땐 'Tweet Tweet' 말이 나올 땐 'Neigh'를 붙여주시면 모국어처럼 유창하게 대화하지 못해도 같은 영어 소리를 발음하고 반복하며 엄마 아빠와 소통하는, 웃음이 삐져나오는 경험을 할 수 있어요. 영어 소리의 특성을 파악하는 데에 직접적인 도움이 되는 것은 물론이고요.

우리말 동물 소리와 영어 동물 소리는 꽤나 다릅니다. 아이와 놀이할 수 있도록 정리한 녹음본과 카드를 QR로 넣어드리니 함께 활용해 보세요.

동물 소리 총정리 녹음본 & 카드

패턴 문장에 멜로디 붙여주기

영어 환경 초기에 만나는 책들은 특히 패턴 문장이 많이 들어가 있죠. 예로 들어드린, 『From Head to Toe (Eric Carle)』 같은 경우엔 "Can you do it?", "I can do it." 두 문장이 책의 중심 메시지로 처음부터 끝까지 반복되어요. 이 부분을 그냥 읽어주시면 아이에겐 자주 귀에 들리는 문장에 지나지 않겠지만 단순한 멜로디라도 붙여서 그 부분이 나올 때마다 불러주시면 아이 기억에 오래오래 남는 영어 자산이 되죠.

이건 화상영어를 할 때 베테랑 선생님들이 'yes, no' 단답형으로 일관하는 아이들에게 쓰는 실전법이기도 합니다. 'Yes, I do.', 'No, I can't.' 같은 온전한 문장을, 강요하는 느낌 없이 즐겁게 유도하기 위해 멜로디를 붙여서 따라 하게 하는 거죠.

이렇게 아이들 장기기억에 들어간 문장은 아웃풋을 연습할 때 무의식적으로 툭툭 튀어나오는데요. 유로스쿨 발화 과정에서 진행하고 있는 발화 놀이에서는 패턴 문장을 꺼내서 사용할 수밖에 없도록 하는 연계 놀이들을 활용하고 있습니다. 아무런 배경 없이 영어 놀이를 강요당하는 아이들에겐 이 활동이 고역이 되지만 부모와 이미 패턴 문장으로 노래를 불러보고 발음해 본 아이들에게는 뜬금없지 않은 자연스러운 연결 활동이 되는 것이죠.

바꿔 읽어주기

여러 번 반복해서 본 책이라면 아이가 그림에 매치되는 소리를 어느 정도 숙지하게 되는데요, 이때는 스크립트의 내용을 다르게 읽어주거나 바꿔 읽어줘 보세요. 예를 들어 『Hooray for Fish (Lucy Cousins)』에서 화난 물고기 그림에 매치되는 문장을 "It's a happy fish!"라고 읽어주면 아이가 '어? 이상하다' 하는 표정으로 "No! It's an angry fish"라며 본인이 알고 있는 내용을 자연스럽게 표현해 볼 기회를 만들 수 있습니다.

이 방법을 쓰면 아이는 천연덕스럽게 다른 문장을 말하는 엄마의 모습을 보며 웃음을 참지 못합니다. 엄마에게는 아이가 얼마나 소리를 소화하고 숙지하고 있는지, '즉문즉답'이나 프레젠테이션 성격의 테스트를 통하지 않고도 현황을 파악할 수 있는 효자손 같은 활동이 됩니다.

로하의 바꿔 읽기 활동

그림책 Q&A

Q 직독 직해는 지양해야겠지만 아이가 책 읽는 도중에 질문하거나 책에 관한 이야기를 엄마랑 나누고 싶어 할 때 모두 다 영어로 대답해 줄 수 없는 영어 실력입니다. 그럴 때는 어떻게 해야 할까요?

A 초기 영어 환경에서 책 읽기의 목표는 소통이라고 말씀드렸던 것, 기억하시나요? 그 측면에서 보았을 때 영어 실력이 부족하다고 텍스트만 읽어주고 끝내는 게 좋을까요? 한국말로라도 아이와 책에 관해 이야기 나누며 소통을 이어가는 것이 좋습니다. 단어와 문장을 하나하나 매치해서 직독 직해하는 방식이 아니라면 책 읽기 전후나 책 읽는 도중이라도 부연 설명을 해 주시는 것은 얼마든 괜찮습니다.

Q 전집을 사서 꽂아두었는데 아이가 좀처럼 책을 뽑아 오거나 관심을 보이지 않아요. 관심을 높이는 방법이 있을까요?

A 혹시 전집 몇 십 권을 한꺼번에 아이에게 노출해 주셨나요? 그것도 표지가 안 보이게 책장에 빽빽이요? 그 상황에서 책에 관심을 보이고 뽑아오려고 하는 아이는 드물 것입니다. 아이는 책 표지의 그림과 색감을 보고 흥미를 느끼게 되어 있고 또 많은 양을 한꺼번에 소화하지 못합니다. '한 권씩 순차적으로 소화해 가면서 전집을 다 읽게 되겠지?' 생각하는 것은 어른들의 오산입니다.

전집이나 시리즈를 사셨다면 그중 몇 권만 전면으로 비치해 주세요. 바닥에 흩뿌려 놓으시는 것도 의외로 아이들의 관심을 끕니다. 그 몇 권을 충분히 소화하고 누렸다면 그 후엔 전집의 나머지 또 몇 권을 새로운 장난감 꺼내주듯이 비치하시는 전략을 말씀드립니다. 이 방법은 읽기 독립 이후 책 레벨을 높일 때 사용되는 방법이기도 합니다.

독후 활동

	말하기 중심	놀이 중심	체험 중심	단어 중심
만2~4세	노래로 부르기 읽다가 멈추기 틀린답 말하기	캐릭터 따라하기 캐릭터 그리기 캐릭터 상장주기	관련 장소 가기 관련 음식 먹기 관련 요리 만들기	주요 단어 카드 붙이기/사이트워드 그리기
만5세~	읽기 콘테스트	주요 장면 그리기	유튜버 놀이	주요 단어 문장 만들기(사이트워드 워크시트)

독후활동은 사실 많은 부모님들이 부담스러워하는 단어예요. 사실 영어책을 읽어주는 것 자체도 쉽지 않은데, 또 독후활동까지 따로 제대로, 거창하게 해줘야 한다고 생각하면 아예 시작하기가 힘들거든요.

그런데 유로네에서 말하는 독후활동은 꼭 워크시트를 만들어야 하고, 문답 형식으로 진행해야 하며, 거창한 활동을 해야 하는 게 아니에요. 아이가 한 번이라도 더 개입하게 하고, 흡수한 것을 어떻게든 부담 없이 조금이라도 표현하게 하는 것이 독후활동의 취지임을 다시 한 번 말씀드립니다.

그렇기 때문에 정말 간단하게 하실 수 있는 다양한 종류의 독후활동을 소개해 드릴게요. '어? 이것도 독후활동에 해당되는 거였어?' 하는 것도 있으실 거예요.

말하기 중심

먼저 말하기 중심의 독후활동을 소개해 드릴게요. 이건 책으로 말놀이를 하면서 읽어주었을 때 이미 이루어진 부분이에요. 아이가 벌써 개입하고 표현했기 때문이에요. 그래서 앞서 리딩 팁에서 말씀드린 읽다가 멈추기, 틀린 단어 말하기 이런 것도 모두 방법이 되고요. 그다음에 노래로 부른다는 것은 의성어, 의태어를 활용해 개입을 유도하거나 텍스트에 멜로디를 붙여서 불러보는 것입니다. 책 거부를 줄이고 친근하게 책을 다시 표현해 볼 수 있는 방법이기에 추천해 드립니다.

만 5세가 넘어가면 책을 반복해서 본 아이들은 그림을 보았을 때 매칭되는 소리를 알고 있다고 말씀드렸죠? 그래서 문자를 읽지 못하더라도 꼭 본인이 문자를 읽는 것처럼 그림을 매칭해서 그 소리를 말할 수 있어요. 그럴 때는 읽기 콘테스트, 미니 리딩 콘테스트를 집에서 한 번 열어주시는 거예요. 아이가 가족들 앞에서 "Hi, I'm Claire. Today I'm going to read 'Counting Kisses'" 이러면서 책을 끝까지 한 번 읽는 거예요.

그럼 온 가족이 손뼉을 크게 쳐주면서 조그만 상장을 하나 만들어 출력해 주시면 아이가 큰 성취감을 느끼죠. '이 책을 완벽하게 내가 소화했구나' 하면서요.

유하의 리딩 콘테스트

놀이 중심

모 윌렘스 작가의 I Am Invited to a Party!를 예로 들어볼게요. 주인공이 파티에 초대되는 장면이 나오죠. 그럴 땐 종이를 반으로 접어서 초대장인 척 흔들며 "Yeah! I'm invited to a party"라고 말해볼 수 있고요. 수영장 장면에서는 수모, 수경 하나를 덮어쓰고 캐릭터가 되어 보는 거예요. 그런 도구 하나가 아이들이 더 실감 나게 흥미를 느끼며 캐릭터가 한 말을 따라 할 수 있는 장치가 되거든요.

놀이 영상

이 밖에도 유로네에서 큰 인기를 끌고 있는 놀이 중 하나는 일명 노래 놀이예요. 책을 노래로 익히는 방법, 앞서 설명해 드렸죠. 그 노래의 가사를 바로 손과 동작으로 실행해 보면서 장기 기억으로 넣을 수 있는 효과적인 아웃풋 연습 활동입니다!

노래 가사를 부르며 직접 움직여야 하기 때문에 생각보다 쉬운 놀이는 아니에요. '인풋' 된 것을 노래라는 도구에 의존해 '아웃풋' 해 보는 기회라 부담은 확연히 덜 하고요. 퍼펫 쇼처럼 도구를 움직이고 노래하는 것을 통해 작은 성취감을 느낍니다. 특히 이 방법은 어린 연령의 아이들에게 유용한 방법입니다.

노래 놀이 영상

조금 더 연령이 높은 아이들 같은 경우에는 가장 인상 깊었던 장면을 그림으로 그리면 흡수했던 내용을 한 번 쭉 머릿속에서 넘겨보고 정리할 수 있는 기회가 돼요. 1등 장면을 고르려면 전체 내용을 돌려봐야 하니까요. 캐릭터 상장을 주는 활동은 예를 들어 "Watch Me Throw the Ball!"에서 아무리 제럴드가 피기한테 잔소리하고 놀려도 긍정적으로 "나 오늘 공놀이하며 재미있었으니까 됐어"라는 내용이 나와요. 그러면 이제

피기에게 '긍정적으로 생각한 상' 이런 식으로 상장을 만들어서 주는 활동인데요, 이게 생각보다 쉽지 않아요. 이건 스토리 전개와 주인공의 의도, 심리를 다 파악해야 상장을 줄 수 있는 부분이기 때문에 깊이 있는 독후활동이 됩니다.

체험 중심

예를 들어 <Maisy Goes to the Museum>을 읽고 박물관에 가보는 것, <Hooray for Fish>를 읽고 아쿠아리움에 가보는 것, 정말 쉽게는 마트에 있는 생선 코너에만 가도 되는 활동입니다. 아이들이 수족관 안에 있는 생선을 보고 책에 나왔던 "Spotty Fish!" "Hairy Fish" 이러면서 책에서 보고 그냥 흘려버릴 수 있는 내용을 적용하고 정리하는 것이죠.

다른 활동은 관련 음식을 만들어 보는 것인데요, 이것도 거창하게 생각할 필요 없어요. 〈Ketchup on Your Cornflakes?〉 책에서 나오는 장면처럼 정말 시리얼 위에 케첩이나 얼음을 한 번 올려서 먹어보는 거예요. 그것만으로도 아이들이 남의 책이라 생각하지 않고 책에 들어간 것 같은 느낌이 들게 하면서 주인공이 되어 표현해 보게 하는 매개가 되는 것이죠.

어휘 중심

이 활동은 아이가 영어 환경에서 소리가 잘 쌓인 후에 하시는 것을 권장해 드리는데요, 나왔던 주요 단어를 카드로 만들어서 잘 보이는 곳에 붙여 놓는 방법을 쓰실 수 있어요. 이때 주의해야 할 것은 만약에 'Birthday Cake'라면 '생일 케이크' 이렇게 한글로 일대일 매칭해 놓은 카드가 아니라, 'Birthday Cake'에 생일 케이크 그림이 들어가 있는 카드를 활용하는 것을 권장해 드려요. 소리와 그림을 매칭하면서 본인이 뜻을 유추하고 이해하도록 하는 것이 언어 습득으로 이어지고, 영어 근육을 쌓는 방법이기 때문입니다.

다음으로는 사이트 워드를 그리는 활동이에요. 왜 사이트 워드를 그리는지 의아해하실 수도 있을 것 같아요. 사이트 워드는 앞서 말씀드렸듯이 한 번 눈으로 딱 봤을 때 어떤 뜻이 있는지, 어떤 소리가 나는지 바로 알아야 하는 단어잖아요. 아이들은 연상되는 뜻을 그림으로 그리고 발음을 소리 내면서 외워야 가장 잘 흡수되고 오래 남는다고 해요. 외워질 때까지 깜지로 쓰는 방식이 아니라요. 그래서 유로네에서는 책 속에 등장하는 사이트 워드를 기능어(is, and, on 등 단어 간 관계를 나타내는 단어)가 아닌 내용어(dog, run 등 실질적인 의미를 지닌 단어들로, 주로 사람, 사물, 동작 등을 나타냄) 중심으로 골라 그리게 하는 활동을 했습니다.

유로맘픽 : 연령별 베스트 그림책

Karen Katz (만 0세~)

Karen Katz의 책은 아기 때부터 읽어줄 수 있는, 아기를 위한 배려와 사랑이 가득 담긴 책입니다. 아기가 처음으로 관심을 가지게 되는 자신의 몸, 까꿍 놀이, 가족, 배변 훈련 같은 주제를 다루고 있어요. 그중 제가 가장 애정하는 『Counting Kisses』는 아기의 머리부터 발끝까지 뽀뽀해 주며 재우는 수면 의식이 담긴 책인데요. 머리에 한 번, 눈에 두 번 뽀뽀하며 숫자를 익힐 수 있을 뿐만 아니라, 책을 따라 하기만 해도 아이에게 두려운 수면 시간이 행복한 놀이 시간으로 바뀌는 마법 같은 책이라 그렇습니다. 유하와 로하가 틈만 나면 들고 와서, 귀퉁이가 닳도록 읽어줬어요.

Barefoot Books (만 2세~)

유하의 책 거부를 노래로 그림책을 읽어 주며 극복했다고 말씀드렸죠? 노래가 이미 만들어져 있어 활용하기 좋은 책 중에서도 보물처럼 아끼는 책은 Barefoot Books 출판사에서 나온 책들입니다. 미술관에서 볼 법한 완성도 높은 그림과 라임, 의성어, 의태어가 풍성하게 담긴 가사가 입에 쏙쏙 붙어요. 책의 그림을 그대로 활용한, 전환이 느린 움직이는 책 같은 느낌의 유튜브 Singalong도 잘 정리되어  있어 엄마의 수고를 덜어주죠. 다만, 자기 전에 불러주면 아이가 흥이 나서 쉽게 잠들지 못하는 게 유일한 단점이랍니다.

Lucy Cousins / Maisy (만 3세~)

직관적인 글과 그림이 돋보이는 메이지 시리즈는 탈것 시리즈도 좋지만, 처음 어린이집에 가고, 처음 친구 집에 놀러 가보고, 처음 캠핑에 가보는 등 첫 체험을 다룬 『First

Experiences 시리즈』가 특히 알찹니다. 아이가 최근에 경험한 것과 비슷한 내용을 보며 몰입할 수 있다는 장점이 있고, 무엇

보다 깨알 같은 그림 디테일을 하나 하나 꼽아보는 재미가 있어요. 이 시 기의 아이들은 그림 하나를 20분씩 들여다보며 책을 즐기니까요!

Mo Willems / Elephant & Piggie (만 4세~)

『Elephant & Piggie 시리즈』는 엄마표 영어의 바이블이라 할 수 있죠. 몇 안 되는 단어 조합으로 어떻게 아이들 속에 숨 어 있는 익살스러움, 좌절, 감정의 해소까지 이끌어낼 수 있을 까요? (알고 보니 모 윌렘스 작가의 전직이 스탠딩 코미디언이었

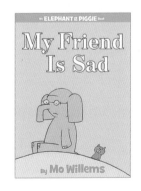

다고 하더라고요) 이 책이 특히 사랑 받는 이유는 아이들의 코드를 기막 히게 찾아낸다는 점만이 아닐 거예 요. 영어가 아직 익숙하지 않은 아이 들도 코끼리 모자, 돼지 모자를 하나

씩 쓰고 엄마, 아빠와 함께 책 속 텍스트를 주거니 받거니 하며 작은 연극을 펼칠 수 있다는 것. 그러면서 스피킹과 읽기 연습까지 된다는 점이 이 책의 진수입니다.

Anthony Browne (만 4세~)

그림책 작가들은 우주를 한 권의 책에 담는다고 하죠. 그 대표적인 책이 앤서니 브라운의 책이라고 할 수 있습니다. 『Piggy Book』이나 『Willy』 시리즈가 나오는 책들이 더 유명하지만, 전 『Changes』를 보고 적잖은 충격을 받았어요. 어떻게 동생이 태어나기 직전의 심리를 이렇게 섬세하게 묘사할 수 있는지. 집에 있던 일상적인 물건들이 단 하나도 평범하지 않은 기괴하고 생소한 모습으로 전환되며 왕좌에서 폐위되는 듯한 첫째의 심리를 깊이 들여다보는 작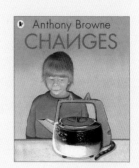품입니다. 사실은 아이들보다 어른들이 더 좋아하고, 두고두고 꺼내 보게 되는 앤서니 브라운의 책들입니다.

Julia Donaldson (만 5세~)

영국 여왕에게 상을 받은 영국의 자랑스러운 그림책 작가, Julia Donaldson. 그녀의 책은 영국의 습습한 무채색 감성을 그대로 담아낸, 영국 냄새가 물씬 나는 작품입니다. 텍스트를 쭉 읽었을 뿐인데 랩을 하는 듯한 느낌이 드는 건 왜일까요? 내용은 교훈이 깊고 분명하지만 그 안에 유머와 위트가 오묘하게 녹아 있는 책입니다. 이 오묘함을 제대로 이해하려면 영어 노출이 2~3년 이상이고, 연령이 최소 7세 이상인 것이 좋습니다.

더 많은 책은 QR로 확인하세요!

연령별 그림책 추천

SWITCH

환경이 잘 조성되었다는
증거

아이한테 편안한 옷과 같이 잘 맞는 환경이 조성되면 아이가 반드시 보내는 반짝반짝한 청신호들이 있습니다. 행여나 당연시하고 넘기거나 고민거리로 치부하지는 않았는지 점검해 보았으면 좋겠습니다.

① 소리를 가지고 노는 모습을 보입니다.

노래를 듣고 완벽히 외워 부르는 모습만을 이야기하는 것이 아닙니다. 멜로디를 따라 흥얼거리고 가사 일부를 정확한 발음이 아니더라도 내뱉고 심지어 가사를 바꿔 부르는 등의 모습이 모두 해당합니다.

유의미한 소리로 인풋이 되지 않으면 나올 수 없는 반응이고 이렇게 소리를 가지고 노는 것이 읽기 독립의 든든한 기초가 되는 '음운 인식'의 과정입니다.

② 밝은 표정, 집중하는 자세를 보입니다.

아직 말과 행동으로 표현하는 것이 서툰 영아들, 그리고 자체 언어 모니터링 기능이 강하게 발동하는 아이들은 소리 인풋이 잘되고 있어도 밖으로 표현하는 부분이 적을 수 있습니다. 영어가 싫으면 밝은 표정, 집중하는 자세가 절대 나올 수 없으니 청신호로 인지해 주세요.

③ 자발적인 태도를 보입니다.

엄마가 영어를 하라고 시키지 않아도 영어 노래, 영상을 찾고 책을 자발적으로 뽑아 옵니다. 특히 아직 읽기 독립이 안 된 아이가 책을 뽑아 들고 선 혼자 유창하게 읽는 척하는 것은 '꼬마 문해력'을 보이는 모습 중 하나이니 걱정하지 말고 더 많이 할 수 있도록 모른 척해 주세요.

④ 말과 동작으로 표현합니다.

인풋 된 영어를 표현하는 방법은 꼭 '온전한 문장 내뱉기'로 국한되지 않습니다. 알아듣기 힘든 외계어, 의미와 맞는 동작 표현, 우리말과 영어가 섞인 문장 모두 이중 언어 습득 진행 과정에서 나타나는 모습입니다. 소리 인풋이 충분한 영어 환경이 유지된다면 점점 영어 표현이 정교해지고 길어지는 모습을 확인하실 수 있습니다.

이와 같은 청신호를 지속해서 인지하고 집안 영어 환경 유지의 행복한 동기로 삼기 위해서는 필요한 툴이 있습니다. 바로 '일지 작성'인데요. 간단한 양식의 일지를 기록하는 것을 통해 불과 한 달 전의 우리 아이 모습을 잊은 채 현재의 청신호를 당연하게 여기는, 안타까운 순환을 방지해줄 수 있는 도구가 됩니다.

유로네 영어소통일지

	내용	상황 | 시간
영상	Daniel Tiger, Bluey	하원 후 | 30분
노래	상황별 노래 | Wash Your Hands 배경음악 | The Kiboomers, Barefoot Books Singalongs	손 씻을 때 | 2분 등원준비 시 | 60분
책	Hooray For Fish	잠들기 전 | 15분
총 시간		총 시간 1시간 50분
한줄 일기	Peppa Pig를 안보고 싶어 해서 Bluey를 새롭게 시도했는데 집중해서 잘 보았다. "Come Here"라는 표현을 처음 썼다.	

반응 및 확장 팁

아이의 청신호는 아주 미세한 점처럼 나타납니다. 작은 신호가 모이고 모여 발화와 읽기 독립 등 굵직한 선으로 이어지는 것이죠. 이때 아이가 영어로 표현을 왕성하게 하는 모습이 너무 뿌듯하지만 다른 한편으로는 영어가 편하지 않은 내가 어떻게 반응해 줘야 하고 끌어줘야 하는지 고민이 된다고 많이 말씀하시는데요.

먼저는 아이의 발화를 확장하는 것은 우리의 역할이 아니라는 것을 말씀드립니다. 그 부분은 아이가 영어로 표현하고자 하는 준비가 되었을 때 좋은 원어민 선생님으로 얼마든 이어주실 수 있어요.

우리의 역할은 아이가 내뱉는 영어가 부모한테 따뜻하게 수용된다는 느낌을 주는 것. 내가 어떤 영어 표현을 해도 부모가 귀 기울여주고 받아준다는 인상을 주는 것입니다. 이때 아이는 가장 표현하고 싶어 하고 영어 수다쟁이가 되기 때문입니다. 이 인상을 줄 수 있는 반응법 네 가지를 소개할게요.

① 반복하기

아이가 겨우 한 마디 뱉어낸 연약한 영어에 안정과 확신을 줄 수 있는 방법입니다. 아이가 내는 소리를 그대로 반복해 주는 방법인데요. 매우 단순하지만 아이는 본인이 내뱉은 소리를 다시 한 번 들을 수 있고 자신이 표현한 부분이 엄마에게 긍정적으로 받아들여진다는 확신을 가질 수 있게 하는 방법입니다.

ex) **아이** Circle! ---------------- **엄마** Yes, Circle!

   아이 Wiggle Wiggle! -------- **엄마** Wiggle Wiggle (동작)

② 덮어주기

아이의 영어가 틀렸다고 할지라도 즉각적인 교정이 필요하지 않습니다. 모국어식 영어 환경 속에 놓여 있다면 자체 교정할 기회가 얼마든지 있기 때문이죠. 하지만 엄마가 꼭 교정해 주고 싶다면 아이의 틀린 표현에 대한 지적 없이 바른 표현으로 말해 주세요. 포인트는 '지적 없이' 따뜻한 이불처럼 틀린 표현을 바른 표현으로 '덮어주는 것'입니다.

ex) **아이** It's raining! ------- **엄마** It's snowing! (눈 올 때)

아이 No do it! --------- **엄마** Don't do it?

③ 더해 주기

아이의 발화가 단어 수준에 머물러 있을 때 줄 수 있는 간단하지만 효과적인 자극입니다! 단어 앞에 형용사 등 수식어를 붙여주거나 가장 기본이 되는 패턴 문장을 붙여주세요.

ex) **아이** Triangle! ------- **엄마** Red Triangle, Big Triangle!

아이 Funny! -------- **엄마** It's funny? That's so Funny!

④ 질문하기

아이의 발화가 꽤 진행되었을 때 쓰는 방법입니다! 아이의 표현을 그대로 받아 끝만 바짝 올려 반응해 주세요. '티키타카'가 다 되지 않더라도 아이는 엄마가 본인 말에 귀 기울여주고 관심 있어 한다는 만족감을 얻게 됩니다.

ex) **아이** She is so beautiful! -------- **엄마** She is so beautiful?

내가 하는
자부심

저를 포함한 한국의 부모들을 보며 안타까웠던 것이 있습니다. 아이들을 위해 사랑을 베풀고 기꺼이 희생 하면서도 항상 미안한 마음과 반성하는 태도를 보이는 것입니다. 하루 중 못 한 일을 돋보기로 확대해서 반성하고 자책하다가 마음이 물 머금은 스펀지처럼 무거워지고, 결국엔 '역시 집안 영어 환경은 내가 할 수 있는 일이 아니야' 하고 포기하는 안타까운 일들이 꽤 많이 있습니다.

그래서 '영알못' 엄마·아빠도 충분히 할 수 있고, 아이의 영어 나무도 행복하게 성장할 수 있게 해주는 유로스쿨을 만들었습니다. 그림책 중심의 교육과 환경을 제공해 '집안 영어 환경'이 자연스럽게 자리 잡을 수 있도록 도와주기 위해서요.

'집안 영어 환경'은 일상에 녹아 있는 영어 환경입니다. 우리의 일상이 쳇바퀴처럼 돌아가는 것 같지만, 사실 잘 들여다보면 그렇지 않습니다. 어느 날은 아무 이유 없이 아이 컨디션이 안 좋기도 하고, 갑작스럽게 처리할 일이 생겨 모든 일정이 밀리기도 하잖아요. 이렇게 늘 다른 하루가 반복되니 매일 똑같이, 완벽한 루틴으로 진행하는 건 당연히 어려운 일입니다.

우리는 시간이 남고 체력이 남아서 집안 영어 환경을 만들어 주는 게 아니잖아요. 오롯이 한국에서 하는 일이지만 아이들에게 행복하고 쓸모 있는 영어를 선물해 주고 싶어서 용기내고 노력하는 것 자체가 칭찬받아 마땅한 일입니다. 계획한 일과 중 하나라도 해낸 것에 집중하고 스스로 칭찬하며 하루하루를 쌓아야합니다. 그래야 아이들과 밝은 정서를 나눌 수 있는 즐거운 영어 환경이 유지될 수 있으니까요.

내가 용기 내서 '집안 영어 환경'을 만들어 주었기 때문에 아이가 모국어 방식의 영어 환경을 만날 수 있고, 나무처럼 생명력이 유지되는 영어를 할 수 있었다고 자부했으면 좋겠습니다.

내가 영어가 부족한 부모라 아이의 영어 실력을 더 키울 기회가 박탈되거나 불충분해진 것이 아닙니다.

훗날 아이가 자라서 지금 이 상황을 돌이켜볼 때 '우리 엄마 아빠가 나 힘들게 영어 하지 말라고 재미있는 영어 노래 틀어주고 예쁜 영어 그림책을 밤마다 읽어줬어. 그래서 내가 지금 영어가 어렵지 않고 편한가 봐. 참 고마워.'라고 말할 날이 반드시 온다는 것을 잊지 않으셨으면 좋겠습니다.

지금 쌓고 있는 하루하루는 절대 땅에 그냥 떨어지지 않고 우리 아이 안에 차곡차곡 쌓여서 건강하고 쓸모 있는 열매를 맺어줄 것입니다.

8장

유로와 한마디:

문장 적용하기

◆ '유로와 한마디'는 즉문즉답을 요구하지 않는 짧은 문장입니다. 따뜻한 엄마의 격려와 응원을 전하는 한마디로 구성되어 있으며, 상황에 맞는 표현을 활용해 아이들이 따뜻함 속에서 영어에 익숙해지도록 하는 것입니다. 반복되는 말을 통해 아이들은 뜻을 유추하게 되고, 영어가 나를 응원해 주는 도구라고 느끼게 됩니다.

상황에 딱 맞게 사용하실 수 있도록 실례와 까다로운 발음엔 설명을 제공하며, 핵심 뜻이 담긴 단어를 강조해서 읽어야 전달이 더 잘되기 때문에 그 부분이 어려운 문장은 짚어드립니다. 자, 그럼 감사의 마음을 담아 시작해 볼게요.

아이의 자존감을
높여주는 말

You are beautiful and confident.

= 너는 아름답고 당당한 사람이야.

이 표현은 유로가 학교를 가려고 문을 나설 때 매일 아침 써주는 표현입니다! 우리 아이들은 어린이집이든 유치원이든 초등학교든 집 밖에서 일종의 사회에 적응하고, 친구들과 선생님들 사이에서 자아를 지켜내느라 매일 고군분투하고 있죠.

엄마가 매 순간 함께할 수는 없지만, 우리 아이들이 특별히 뭘 하지 않아도 존재 자체가 예쁘고, 그래서 자존감이 흔들릴 필요가 없다는 것을 매일 아침 상기시켜 주었으면 좋겠어요. 이 표현과 함께해 주시면 효과가 배가 되는 동작이 있습니다.

'You are'에서는 두 손을 (손바닥이 위로 향하게) 아이에게 뻗어 주고, 'beautiful'에서는 (미소를 띤) 얼굴에 꽃받침을, 'confident'에서는 근육을 자랑하는 팔을 보여주세요.

You deserve it!

= 넌 그럴 자격이 있어! (정말 잘했어!)

이 한마디는 아이의 노력을 엄마가 알아주는 표현입니다. 가장 손쉽게 연결할 수 있는 상황은 크리스마스 때 산타 할아버지가 두고 간 선물을 열어보고 행복해하는 아이에게 써주는 것입니다.

'네가 1년 동안 잘해서 선물을 받은 거야' You deserve it! 이렇게요!

문장을 발음하기 전에 파리가 소리 내는 듯한 'zzz' 진동을 연습해 보세요. '디저브'에서 진동이 살짝 들어가는 '저'가 듣는 사람에게 훨씬 원어민스럽게 전달될 거예요.

Nobody's perfect and that's okay.

= 완벽한 사람은 없어. 그러니 괜찮아.

리사손 교수님의 [임포스터]에서는 사회적 분위기와 가정의 교육 방식으로 인해 한국 사람들이 '완벽함'을 더 많이 강요받고, '완벽하지 않은 자신'을 숨기기 위해 '가면'을 쓰는 현상을 이야기합니다. 건강한 자아와 행복한 일상은 나 자신이 완벽할 필요가 없다는 것을 인식하는 것에서 시작한다고 해요!

특별히 손동작과 함께 발음해 보시면 좋습니다.

'Nobody'에서는 검지를 들어 좌우로 (까딱까딱) 흔들기

'perfect'에서는 양팔을 모아 완전한 동그라미 모양 만들기

'that's okay'에서는 검지와 엄지로 오케이 만들기

이렇게 소리에 힌트를 주는 연습을 해 보아요.

Walk at your own pace!

= 너만의 속도에 맞춰(페이스대로) 걸어!

다른 누군가가 재단하는 속도가 아닌, 나만의 속도를 지키

며 끝까지 걷는 것! 이것이 가장 멀리, 행복하게 갈 수 있는 방법이라 생각합니다.

이 표현에도 강한 연음이 두 번 나오는데요.

- 'walk'와 'at'이 만나서 > '워어캣'
- 'at'과 'your'가 만나서 > '앳츄어'
- 다 합치면 > '워어캣츄어'가 됩니다!

특히 개학을 앞두고 있거나 무언가를 시작하는 시점에서 우리 아이들이 손잡고 가기를 바라는 표현입니다. 아이들을 홀로 내보내는 마음이 항상 편안하지는 않지만, 건강하고 안전한 시작을 기원하는 마음을 담아 말해 주세요.

Keep up the good work!

= 잘하고 있어! (그리고 앞으로도 잘 할 거야!)

이 한마디는 우리 아이들이 잘하고 있을 때 계속 잘 유지할 수 있도록 격려해 주고 응원하는 표현입니다. 아이들이 잘 못하거나 실수할 때도 북돋아 주는 말이 필요하지만, 잘하고 있을 때도 못지않은 응원이 필요합니다.

이 표현은 현지인들이 자주 사용하는 말이기도 합니다!

여기에서 쓰인 'Keep' 동사는 '유지하다'라는 의미가 있어서, 예를 들어 아이들에게 추운 겨울날 놀다가 '옷 벗지 말고 입고 있어!'라고 말할 때 'Keep your coat on!'이라고 할 수 있습니다. 요즘 같은 때에는 'Keep your mask on'으로도 적용할 수 있죠! 실생활에서 유용하게 쓰이는 'Keep' 동사 연습을 하며 하루를 힘차게 시작해 보아요.

I'm ready to listen!

= 엄만 들을 준비가 되어 있어!

유로네 영어에서 가장 중시하는 엄마와의 '정서적인 소통'의 기본은 유창한 영어가 아닌, 듣는 귀가 열려 있는 우리의 자세라고 생각해요. 누군가 내 말을 귀하게 여기고 경청한다고 느낄 때, 우리도 가장 깊은 이야기를 꺼내게 되고 수다쟁이가 되지 않나요? (연애 때 추억 잠시 소환해 보시죠. 하하.)

우리 아이들도 마찬가지예요! 엄마가 내가 표현하는 것을 따뜻하게 들어주고 반응해 줄 것이라는 믿음이 아이들을 표현대장, 수다쟁이로 만들어줍니다. 그런 의미에서 이 표현으로 엄마의 귀가 열려 있다는 것을 상기시켜 주었으면 좋겠습니다.

이 문장에는 'r' 발음과 'l' 발음이 함께 들어 있어 발음이 까다로울 수 있는데요. 'ready'의 'r'은 입을 동그라미 모양으로 만들어 놓은 다음 발음하면 편하고, 'listen'의 'l'는 혀끝을 위 앞니에 살짝 대고 발음하면 좋습니다! 아에이오우 발음 근육을 풀어주고 연습해 볼까요?

Always be yourself!

= 있는 그대로의 나를 표현하자(드러내자)!

이번 표현은 아이들에게 써주어도 좋지만, 엄마들과 먼저 나누었으면 하는 한마디입니다. 우리는 있는 그대로, 존재만으로도 가족과 아이들에게 사랑받는 엄마잖아요. 그런 우리를 나 자신부터 사랑해 주기. 그리고 항상 행복할 수만은 없는, 때로는 기운이 없거나 슬픈 감정을 건강하게 표현하는 것. 이것이 우리 몸과 마음이 봄으로 진입하는 길이라 생각합니다.

'Always'의 끝에 붙은 's'는 'z'에 가깝게 발음해 주세요! '얼웨이즈' 이렇게요.

아이에게 사랑을
표현하는 말

I feel lucky to have you.

= 네가 내 아이라 행복해(네가 내 아이인 게 행운으로 느껴져).

바쁜 일상과 치열한 육아에 치이다 보면 어느새 감사함이 무뎌질 수 있는데요. 내 아이의 존재를 처음 확인한 날, 처음 얼굴을 마주 본 날의 마음을 잠시라도 상기해 본다면, 특별한 무언가를 하지 않아도 건강하게 내 옆에 있는 것 자체로 반짝이는 아이가 눈에 들어올 거예요.

아이의 눈을 들여다보며 마음을 담아 이야기해 주세요! 설령 이 표현이 무슨 말인지 단어 하나하나 정확히 몰라도 엄마의 마음이 고스란히 전달될 거예요.

'feel'처럼 모음이 두 개 붙은 단어는 특히 길게 발음해 주세요. '필'처럼 짧게 끝내지 말고, '피이이이일!'처럼 길게 발음해 주시면 됩니다.

I love you to the moon and back!

= 하늘만큼 땅만큼 사랑해!

이 표현은 우리 아이들에게 사랑한다는 말을 원어민답고 진하게 표현할 수 있는 한마디입니다! 달에 갔다가 돌아올 만큼 사랑한다는 것이니, 우리식 표현인 '하늘만큼 땅만큼 사랑해'보다 조금 더 많이 썼네요.

이 사랑 표현해 주실 때는 검지를 세우고 돼지 꼬리를 멀리까지 그렸다가 다시 돼지 꼬리를 그리며 제자리로 돌아와 주세요! 그리고 앞서 설명해 드린 모음이 두 개 합쳐진 길게 빼는 발음 기억하시죠? 이 문장에서는 'moon'에 해당하니, 잊지 말고 길게, 길게 발음해 보세요.

I love spending time with you.

= 너와 함께 하는 시간이 참 좋아(행복해).

요즘 우리, 아이들과 온종일 진하게 시간을 보내죠! 아이들이 참 사랑스럽지만, 종일 육아에 대한 압박이 물을 잔뜩 머금은 스펀지 같을 때가 종종, 아니 많이 있어요. 그럴 때 우리의 마음을 세뇌하는 표현! 'I love spending time with you.' 외쳐 보고 육아를 시작할게요.

마술처럼, 나도 모르게 즐기게 되는 순간순간을 만끽하는 일상을 보내게 될지도 모르니까요. 그리고 육아 왕 선배님들의 말에 의하면 아이와 함께 할 수 있는 시간이 우리가 생각하는 것보다 훨씬 짧다고 하더라고요! 아쉬움이 적도록 지금을 누려야겠습니다.

'with you'를 발음할 때는 'with'의 '드'에서 잠깐 멈춘 후, 숨을 내쉬면서 '유'를 발음해 주세요. 이 과정을 속도감 있게 연결하면 자연스러운 발음이 나옵니다!

I love you just the way you are!

= 널 있는 그대로 사랑해!

이 말은 너무 당연한 거 아닐까? 하고 당당하게 유하한테 말을 건넸는데, 첫째가 'Some parents want more and more from their child(어떤 부모들은 점점 더 많은 걸 요구해)'라고 대답하는 걸 듣고 가슴이 철렁하더라고요. 내 모습은 아닐까 해서요! 사랑은 역시 끊임없이 의지를 다져야 하는 일인가 봅니다!

'I love you just the way you are!'에서 가장 강조해서 읽어야 할 단어는 'love'와 'just'입니다. 이 문장에서 'love'는 감정의 핵심을 나타내며, 'just'를 강조함으로써 진정성과 강한 애정을 전달할 수 있습니다.

아이에게 용기를
북돋아 주는 말

Let's give it a try!

= 한번 해 보자! 같이 해볼까?

우리 아이들이 성장하는 과정에서 새롭게 시도하고 도전해
야 할 일, 그래서 용기 내야 하는 순간들이 참 많죠? 거창하게
생각하지 않아도 '한번 먹어봐! 한번 타봐! 한번 입어봐!'처럼
일상생활에서 소소한 도전이 가득한데요, 이럴 때 그 모든 도
전을 커버하는 만능 문장으로 이 한마디를 소개합니다.

발음 포인트는 연음인데요. 짧은 문장에 연음이 두 번이나 나와요.

- 'give'와 'it'이 만나서 > '기빗'
- 'a'와 'it'이 만나서 > '이러'
- 다 합치면 '기비러'가 됩니다!

연음을 모르면 까다롭게 느껴질 수 있지만, 이제 우리 사이엔 포인트가 공유되었으니 알고 발음해 보아요.

We make a great team!

= 우린 멋진 한 팀이야!

우리가 태어나서 만나게 되는 수많은 팀(학교, 회사 등) 중에서 나에게 가장 중요하고 큰 영향을 미치는 팀은 바로 내 가족입니다! 나와 내 아이 간의 관계, 나와 내 남편 간의 관계가 좋고 편안하다면 육아든 교육이든 쉬워진다고 생각해요. 하물며 '엄마 표' 영어겠습니까!

함께 해내야 하는 중요한 이벤트를 앞두고 써줘도 좋지만,

'Give me five'(하이파이브)하며 일상에서 틈틈이 써주시면 팀워크가 충만해진답니다. 이번 표현은 특별히 남편한테도 슬쩍 한 번 써주세요. 갑자기 왜 이러지? 하는 표정으로 보겠지만, 내심 좋아할 거라는 걸 아시죠?

'We make a great team!'에서 가장 강조해야 할 단어는 'great'입니다. 이 단어는 팀워크에 힘을 실어주기 때문입니다. 무미건조하게 발음하지 말고, 'great'를 강조해서 발음한 후 하이 파이브로 힘 있게 마무리해 볼게요.

It takes time!

= 시간이 걸리는 일이야!(인내하자)

첫째에게 전학 후 첫 등교 소감을 물었더니 '친구를 못 사귀었어'라네요! 아니, 친구 사귀는 일이 얼마나 시간이 걸리는 일인데, 하루에 해결하려 하다니! 다들 친해 보이는데 본인만 어색한 전학생의 마음이 급했나 봅니다. 그래서 준비한 한마디!

정말 가치 있고 소중한 것은 시간이 차곡차곡 쌓여야 하는 것이죠?.

여기서 잠깐, 'Take your time'과 미묘하게 다른 용법을 설명해 드리자면, 공항에서 여권을 내야 하는데 안 보일 때, 마음 급하게 여권을 찾을 때는 'Take your time!(천천히 해)' 라고 하시면 됩니다. 그리고 '원래 오래 걸리는 일이니 힘 빼지 말고 기다려'라고 말해 주고 싶을 때는 오늘의 표현을 써주시면 됩니다.

Hard work pays off!
= 열심히 하면 반드시 열매가 있어!

이번 한마디는 우리 아이들에게 '노력하는 것'의 가치를 말해 주는 표현입니다. 원래부터 잘하는 '천재'보다 꾸준히 노력해서 열매를 맺는 것의 중요성을 꼭 알았으면 해서요! 긴 호흡으로 육아하고 교육하는 우리에게도 반드시 적용된다고 생각합니다.

발음 'pays'는 '페이즈'처럼 발음합니다. 여기서 'ay'는 '에이'처럼 발음하며, 끝부분의 's' 소리를 '즈'처럼 발음하면 자연스럽습니다.

I'm here if you need help!

= 도움이 필요하면 언제든 도와줄게!

아이들이 들었을 때 참 든든하고 안정감을 느끼는 말이 되겠죠?

그리고 자세히 보시면 'if'에 숨겨진 의도가 있어요! 무조건 '엄마가 도와줄게'가 아니라 '필요하면'(if you need)이라는 뜻이기 때문에 '네가 (먼저) 한 번 해봐'가 생략된 것이죠! 모든 것을 해 주고 선제적으로 도와주기보다는, 아이가 먼저 도전하고 시도해 보게 하고, 잘 안되거나 힘들어하는 부분만 도와주는 엄마! '유로네 한마디'와 함께 실행해 보아요.

앞서 설명해 드린 모음 두 개가 붙었을 때 길게 발음하는 것 이제 다 아시죠?. 'I'm here if you need help!'에서 'need'는 모음이 두 개 붙어 있어서 길게 발음해 주셔야 해요. '니이이이드'처럼 길게 발음하면 자연스럽고 강조가 잘 전달됩니다. 다른 단어들보다 이 모음이 길어야 의미가 더 명확해집니다.

Let me teach you how to do it!

= 어떻게 하는지 가르쳐줄게!

내 아이 연령 정도 되면, 이쯤 되면 너끈히 해낼 수 있는 일인 것 같은데, 참 잘 안 되는 모습 보면 나도 모르게 울화가 치밀 어요! 속으로 '내가 너만 할 땐 다 했다.' 요런 말이 목까지 올라오고요! 그럴 땐 이 표현으로 대신 덮어버립시다.

절대 우리가 아이들만 할 때 더 잘하지 않았고요, 다만 우리가 잘 못했던 때, 친절히 배웠던 과정을 까먹었을 뿐인 걸로요. 우리 아이들 찬찬히 배울 기회만 있으면 반드시 잘합니다.

오늘같이 문장이 긴 편일 때는, 리듬을 살려서 노래처럼 발음해 보세요. 익숙한 멜로디를 가져와서 가사처럼 불러보시면 훨씬 입에 잘 붙는 것을 경험하실 거예요. 아이들이 문장 읽기를 힘들어할 때도 활용하기 좋은 방법입니다.

Everyone starts out as a beginner.

= 누구나 처음엔 초보인 거야.

우리 아이에게 무엇인가를 가르쳐준다고 해도 처음부터 잘할 수는 없죠. 이런 상황에서 사실 가장 답답하고 속상한 건 아이들 본인입니다!

우리 아이들이 마음 편하게 노력할 수 있도록 돕는 한마디로, 위 표현(Let me teach you how to do it) 에 이어서 이 표현을 써보세요.. 이 문장에서 강조해서 읽어야 할 단어는 'beginner' 입니다.

처음부터 잘할 수 없다는 것을 알고 있지 않으면, 잘해야 한다는 강박감이 생기고 그로 인해 가면을 쓰게 되기도 해요. 반대로, 본래 어려운 것이고 처음부터 잘할 수 없다는 것을 알면, 편안한 마음으로 노력을 기울일 수 있습니다.

Let's figure it out!
= 같이 방법을 생각해 보자!

아이가 궁금해 하거나 해결하고 싶어 하는 상황에서 사용할 수 있는 표현입니다. 일상에서 자주 접할 수 있는 상황으로는, 사탕이 하나뿐인데 자매가 둘 다 먹고 싶어 할 때, 이 표현을 사용해 '같이 방법을 생각해 보자, 어떻게 했으면 좋겠어?' 라고 말해줄 수 있습니다. 비슷한 표현으로는 'Let's solve the problem(문제를 해결해 보자)' 도 있습니다.

이 표현에는 눈에 띄는 연음이 하나있습니다:

- figure + it > '피겨릿'
- it + out > '이라웃'
- 모든 것을 합치면 > '피겨리라웃'

발음할 때, 'figure'와 'it'이 만나면서 자연스럽게 연결되지만 'it'과 'out'이 합쳐지는 과정에서 혀가 꼬일 수 있습니다. 'it'과 'out'이 연결될 때, '리'에서 뺀 힘을 '라웃'에서 다시 내뱉는다고 생각하면 발음하기 더 수월할 거예요.

유로와 한마디 발음본

유로스쿨에서 함께 행복한 영어 환경을 경험하고 공유해나가고 있는,
사랑스러운 꿈나무 아이들